KB219457

위대한 투자

영원히 썩지 않을 것을 위한

위대한 투자

지은이 · 강준민
초판 발행 · 2021. 3. 17
4쇄 발행 · 2024. 12. 19
등록번호 · 제1988-000080호
등록된 곳 · 서울특별시 용산구 서빙고로65길 38
발행처 · 사단법인 두란노서원
영업부 · 2078-3352   FAX · 080-749-3705
출판부 · 2078-3331

책 값은 뒤표지에 있습니다.
ISBN 978-89-531-3983-1 03230

편집부에서 독자의 의견을 기다립니다.
tpress@duranno.com   http://www.Duranno.com

두란노서원은 바울 사도가 3차 전도여행 때 에베소에서 성령 받은 제자들을 따로 세워 하나님의 말씀으로 양육하던 장소입니다. 사도행전 19장 8-20절의 정신에 따라 첫째 목회자를 돕는 사역과 평신도를 훈련시키는 사역, 둘째 세계선교(TIM)와 문서선교(단행본·잡지) 사역, 셋째 예수문화 및 경배와 찬양 사역, 그리고 가정·상담 사역 등을 감당하고 있습니다. 1980년 12월 22일에 창립된 두란노서원은 주님 오실 때까지 이 사역들을 계속할 것입니다.

위대한 투자

영원한 썩지 않을 것을 위한

강준민 지음

The Great Investment

하나님

말씀

영혼

가족

천국

성품

두란노

목차

The Great Investment

서문

가장 소중한 투자를 위한
여섯 가지 이야기

chapter 1

하나님을 위한
위대한 투자

chapter **2**

말씀을 위한
위대한 투자

chapter **3**

영혼을 위한
위대한 투자

chapter **4** ─────────────────────

가족을 위한
위대한 투자

chapter **5** ─────────────────────

천국을 위한
위대한 투자

chapter **6** _____

성품을 위한
위대한 투자

가장 소중한 투자를 위한
여섯 가지 이야기

한 권의 책은 소중한 생명처럼 태어납니다. 하나의 생명이 저마다의 역사 속에서 태어나듯이 한 권의 책도 그 책이 출판되는 시기의 역사와 함께 태어납니다. 《위대한 투자》는 코로나19 감염 사태의 역사 속에서 태어났습니다. 코로나바이러스의 습격은 전 세계를 충격으로 몰아넣었습니다. 수많은 사람이 고통 중에 생명을 잃었고, 그토록 위세를 떨쳤던 의학과 과학이 눈에 보이지 않는 바이러스 앞에 꼼짝하지 못했습니다.

코로나19는 우리를 죽음의 위기 앞에 서게 했습니다. 사람은 죽음의 위기 앞에 설 때 엄숙해집니다. 가까운 가족과 이웃의 죽음이 남의 이야기가 아니라 자신의 이야기로 가깝게 다가오게 됩니다. 그때 비로소 우리는 가장 소중한 것이 무엇인지를 생각하게 됩니다. 가장 소중한 것을 깨닫는 순간, 그토록 소중히 여겼던 것들이 허무하게 느껴집니다. 《위대한 투자》는 이처럼 인생에서 가장 소중한 것이 무엇인지를 숙고하는 중에 쓴 책입니다.

이 책이 두란노 가족들의 손에서 아름다운 작품으로 만들어지는 동안, 저는 병원에 입원해 있었습니다. 전신마취를 하고 심장에 관한 시술을 4시간 동안 받았습니다. 저는 응급실에 들어가 입원 수속을 마치고 병원에 누워 있는 동안 제 생애를 다시 한 번 돌아보고, 죽음에 관해 다시 한 번 진지하게 생각할 수 있었습니다. 과거를 돌아본다는 것은 중요합니다. 그 이유는 오늘 나의 모습은 과거에 의해 만들어진 까닭입니다.

늘 죽음에 관해 생각하며 살 필요는 없습니다. 하지만 우리는 가끔 죽음을 진지하게 생각함으로써 더욱 의미 있게 살 수 있습니다. 더욱 보람 있게 살 수 있습니다. 저는 오래전부터 제 생애 마지막에 남길 말을 가슴에 품고 살아왔습니다. 그 말은 "모든 것이 하나님의 은혜였습니다"라는 고백입니다.

과거를 돌아보면서 제 가슴에 울려 온 것은 하나님의 은혜였습니다. 저는 부족했지만, 하나님의 은혜는 풍성했습니다. 정말 하나님의 은혜가 없었다면 오늘의 저는 없었을 것입니다. 제가 예수님을 처음 만났을 때 저는 정말로 보잘것없는 소년이었습니다. 하나님은 소심하고 왜소한 저를 찾아오셔서 구원의 은혜를 베풀어 주셨습니다. 또한 하나님은 목회자로서의 사명을 제게 맡기셨습니다.

저는 고등학교 2학년 초에 "목회자의 길"을 하나님의 부르심으로 받아들였습니다. 그 무렵 저는 제 진로에 관해 깊이 숙고하는 중에 일시적인 것이 아닌 영원한 것에 제 삶을 투자하고 싶었습니다. 저는 스스로 '영원한 것들은 무엇일까?'라는 질문을 해 보았습니다. 그 당시 저는 세 가지가 영원하다는 사실을 깨달았습니다. 하나님, 하나님의 말씀, 그리고 인간의 영혼이 영원합니다. 제 생애를 바꾸어 놓은 깨달음이었습니다. 비록 어린 나이였지만 저는 영원한 것에 제 삶을 투자하기로 결심했습니다.

그 후로 저는 영원하신 하나님, 영원한 하나님의 말씀과 영원한 인간의 영혼을 씨앗처럼 가슴에 품고 살아왔습니다. 이 씨앗이 점점 자라 《위대한 투자》라는 책으로 열매를 맺게 되었습니다.

이 책은 우리가 가장 소중하게 투자해야 할 여섯 가지에 관한 이야기입니다. 하나님, 하나님의 말씀, 영혼, 가족, 천국, 그리고 성품입니다. 이 여섯 가지는 영원한 것들과 연결되어 있습니다. 위대한 투자는 분별, 선택, 결단, 헌신, 인내, 그리고 보상과 관련되어 있습니다. 위대한 투자를 하기 원한다면 성경을 공부해야 합니다. 성경은 위대한 투자에 관한 이야기입니다. 또한 성경에 나오는 인물들 중에 위대한 투자를 했던 인물들을 만나 보아야 합니다.

위대한 투자를 하기 위해서는 하나님의 은혜가 필요합니다. 하나님의 은혜가 없으면, 위대한 투자를 위해 올바로 분별할 수도 없고, 올바로 선택할 수도 없습니다. 하나님의 은혜가 없으면, 올바로 선택한 길을 끝까지 걸어갈 수도 없습니다. 그런 까닭에 위대한 투자는 처음부터 끝까지 하나님의 은혜 이야기입니다. 물론 우리가 해야 할 일이 있습니다. 투자는 우리가 해야 합니다.

예수님은 달란트 비유를 통해 투자의 중요성을 가르쳐 주십니다. 주인이 각각 그 재능대로 한 사람에게는 금 다섯 달란트를, 한 사람에게는 두 달란트를, 한 사람에게는 한 달란트를 맡겼습니다. 그것은 주인이 종들에게 베풀어 준 은혜이며 기회였습니다. 그러나 달란트를 가지고 투자하는 것은 달란트를 맡은 종들이 해야 할 일이었습니다. 달란트를 맡긴 주인은 오랜 세월이 지난 후에 돌아와서 결산했고, 그들이 투자한 것에 따라 상을 주었습니다.

위대한 투자도 마찬가지입니다. 우리가 이 세상을 살아가는 동안 하나님은 우리 각자에게 위대한 투자를 할 수 있는 기회를 주십니다. 하지만 하나님이 우리를 대신해서 투자해 주시지는 않습니다. 우리가 분별하고 선택하고 결단함으로써 우리가 직접 투자해야 합니다. 그러면 우리가 투자한 것에 대한 보상이 반드시 따라옵니다.

참으로 좋은 것을 얻기 위해 한때 좋다고 여겼던 것들을 내려놓을 줄 아는 것이 지혜입니다. 모세는 위대한 투자를 위해 "바로의 공주의 아들이라 칭함 받기를 거절"했습니다. 그리고 "그리스도를 위하여 받는 수모를 애굽의 모든 보화보다 더 큰 재물로" 여겼습니다.
그 이유는 "상 주심"을 바라본 까닭입니다 참조, 히 11:24-26.

　이 책은 일시적인 것이 아닌 영원한 것에, 유통 기한
이 짧은 행복이 아닌 영원한 행복을 주는 것에 투자하
도록 도와주는 책입니다. 또한 이 세상에서 사는 동안
에도 유익하지만, 이 세상을 떠난 후에도 영원히 혜택
을 누릴 수 있는 것에 투자하도록 도와주는 책입니다.
잠시 간직하다가 버리는 것이 아니라 영원히 간직할 수
있는 것에 투자하도록 도와주는 책입니다.

　이 세상에서 좋아 보이는 것들 때문에 가장 고상한
것들을 놓치지 마십시오. 위대한 투자는 곧 아름다운
유산으로 이어집니다. 위대한 투자를 한 사람만이 아
름다운 유산을 후대에 남길 수 있기 때문입니다. 저는
이 책을 읽는 분들이 위대한 투자를 통해 아름다운 유
산을 남길 수 있기를 바랍니다.

한 권의 책이 출판될 때마다 성심을 다해 섬겨 주시는 두란노 가족들에게 감사를 드립니다. 부족한 종을 위해 기도해 주시는 새생명비전교회 가족들에게도 감사를 드립니다. 초라한 소년을 선택해서 목회자의 길을 걷게 하시고, 위대한 투자에 눈을 뜨게 해 주신 하나님께 모든 영광을 올려 드립니다.

2021년 3월

로스앤젤레스에서 강준민 드림

1

하나님을 위한 위대한 투자

The Great Investment

01

현명한 선택은
위대한 투자의 시작입니다

지혜는 분별력입니다. 분별력 가운데 투자를 위한 분별력이 있습니다. 우리의 시간과 자원은 제한적입니다. 능력 또한 그렇습니다. 그런 까닭에 모든 것을 잘할 수 없고, 또 모든 것에 투자할 수 없습니다. 가장 중요한 것, 가장 고귀한 것에 투자해야 합니다. 우리 삶에 장기적인 유익을 주는 것에 투자해야 합니다. 풍성한 결과를 가져오고, 실한 열매를 맺는 것에 투자해야 합니다. 가장 탁월한 투자는 영원한 것에 투자하는 것입니다.

사도 바울은 하나님을 위해 살았던 지혜로운 사람입니다. 그는 자기 삶을 하나님께 투자했습니다. 그는 선택했습니다. 정확한 분별력으로 무엇이 그에게 영원한 유익을 주는가를 알고, 선택한 것입니다.

나는 팔일 만에 할례를 받고 이스라엘 족속이요 베냐민 지파요 히브리인 중의 히브리인이요 율법으로는 바리새인이요 열심으로는 교회를 박해하고 율법의 의로는 흠이 없는 자라 그러나 무엇이든지 내게 유익하던 것을 내가 그리스도를 위하여 다 해로 여길뿐더러 빌 3:5-7

그는 예수님을 얻기 위해 그에게 유익하던 모든 것을 배설물로 여겼습니다. 그는 "주 그리스도 예수를 아는 지식"이야말로 가장 고상한 지식임을 알고, 그리스도를 얻는 것이 복 중의 복이라는 사실을 깨달은 사람입니다.

또한 모든 것을 해로 여김은 내 주 그리스도 예수를 아는 지식이 가장 고상하기 때문이라 내가 그를 위하여 모든 것을 잃어버리고 배설물로 여김은 그리스도를 얻고 빌 3:8

바울은 자기 육신의 생명을 선교하는 데에 내놓았습니다. 육신은 물론 소중하지만, 영원하지는 않습니다. 영원한 것은 영혼입니다. 그는 잃어버려서는 안 될 영원한 것을 붙잡았습니다. 가장 소중한 것을 얻기 위해, 즉 하나님과 자신의 영혼을 붙잡기 위해 나머지 것을 내려놓았습니다. 짐 엘리엇Jim Elliott은 "잃어버려서는 안 되는 것을 얻기 위하여 영원히 간직할 수 없는 것을 포기하는 자는 결코 어리석은 자가 아니다"라고 말한 바 있습니다.

특별히 바울은 예수님 안에서 발견되기를 원했습니다. 그는 예수님을 믿었고, 더러운 헌 옷과 같은 인간의 의가 아닌 하나님의 의를 받아 누렸습니다.

> 그 안에서 발견되려 함이니 내가 가진 의는 율법에서 난 것이 아니요 오직 그리스도를 믿음으로 말미암은 것이니 곧 믿음으로 하나님께로부터 난 의라 빌 3:9

"하나님께로부터 난 의"는 영원한 의everlasting righteousness 입니다. 바울은 이 놀라운 은혜를 알았기 때문에 좋은 선택을 할 수 있었습니다. 중요한 진리를 알고, 지혜를 배우면 좋은 선택을 할 수 있습니다.

영원의 관점에서
바라보는 것이 지혜입니다

'영원의 관점'이란 '영원한 시각에서 인생 전체를 보는 것'입니다. 영원의 관점이 중요한 이유는, 인생에서 가장 소중한 것이 무엇인지를 알게 하고, 우선순위를 깨닫게 하기 때문입니다. 그럼으로써 우리 삶을 아주 풍성하고 의미 있게 만들기 때문입니다. 영원의 관점이 없는 사람은 쉽게 타락하고, 그 생애는 쉽게 부패합니다. 그러나 영원의 관점이 있으면, 우선순위가 분명해지기 때문에 좋은 선택을 할 수 있습니다.

그런즉 너희는 먼저 그의 나라와 그의 의를 구하라 그리하면 이 모든 것을 너희에게 더하시리라 마 6:33

저는 어릴 적부터 교회에 다녔습니다. 초등학교 3학

년 때부터 주산을 배우느라 교회를 드문드문 다녔지만, 성경학교에서 부른 어린이 찬송은 지금도 기억납니다. 제가 예수님을 개인적으로 영접한 건 고등학교 1학년 때였습니다. 제 생애 가운데 가장 소중한 일이었다고 생각합니다.

고등학교 1학년이면 어린 나이가 아닙니다. 그 무렵에 제 인생의 진로를 결정하느라 심각하게 고민했는데, 저를 길러 주신 목사님이 목회자가 되면 어떻겠느냐고 권면해 주셨습니다. 한 번도 생각해 보지 않았기 때문에 굉장히 당황스러웠습니다. 목회자가 되려면 신학대학에 가야 할 텐데, 저는 인문계 고등학교가 아닌 상업고등학교에 다니고 있었습니다. 당시 상고 졸업생의 최고 목표는 대개 은행에 취직해서 야간대학을 졸업한 뒤에 공인 회계사C.P.A 가 되는 것이었습니다.

저는 "무엇이 영원한가?"라는 질문을 스스로 던지고, 답을 찾기 위해 노력했습니다. 그 당시 제가 가진 상식과 지식으로 찾은 답은 세 가지였습니다.

첫째, "하나님은 영원하시다"는 것입니다.

> 영원하신 하나님이 네 처소가 되시니 그의 영원하신 팔이 네 아래에 있도다 그가 네 앞에서 대적을 쫓으시며 멸하라 하시도다 신 33:27

영원하신 하나님이 우리 처소가 되십니다.

너는 알지 못하였느냐 듣지 못하였느냐 영원하신 하나
님 여호와, 땅끝까지 창조하신 이는 피곤하지 않으시
며 곤비하지 않으시며 명철이 한이 없으시며 사 40:28

영원하신 왕 곧 썩지 아니하고 보이지 아니하고 홀로
하나이신 하나님께 존귀와 영광이 영원무궁하도록 있
을지어다 아멘 딤전 1:17

둘째, "하나님의 말씀은 영원하다"는 것입니다.

풀은 마르고 꽃은 시드나 우리 하나님의 말씀은 영원
히 서리라 하라 사 40:8

여호와여 주의 말씀은 영원히 하늘에 굳게 섰사오며
시 119:89

그러므로 모든 육체는 풀과 같고 그 모든 영광은 풀의
꽃과 같으니 풀은 마르고 꽃은 떨어지되 오직 주의 말
씀은 세세토록 있도다 하였으니 너희에게 전한 복음이
곧 이 말씀이니라 벧전 1:24-25

이 땅에 사는 동안, 우리는 여러 가지 지식을 얻습니다. 코로나 사태로 대면 접촉이 어려워지자 줌ZOOM같은 화상회의 앱에 관한 지식이나 비대면 사회에 필요한 컴퓨터 지식을 새로 얻게 되었습니다. 이처럼 세상살이에는 다양한 지식이 필요하지만, 모든 지식이 영원한 것은 아닙니다. 폐기해야 할 지식도 있습니다. 그러나 어떤 지식은 우리가 이 땅을 떠날 때 가지고 갈 만큼 영원한 가치가 있습니다. 바로 하나님과 하나님 말씀에 관한 지식입니다. 하나님의 말씀은 영원하기 때문입니다.

셋째, "인간의 영혼은 영원하다"는 것입니다.

> 예수께서 이르시되 나는 부활이요 생명이니 나를 믿는 자는 죽어도 살겠고 무릇 살아서 나를 믿는 자는 영원히 죽지 아니하리니 이것을 네가 믿느냐 요 11:25-26

예수님을 믿는 사람은 영원히 삽니다. 예수님을 믿지 않는 사람도 영원히 삽니다. 그러나 그들은 영벌에 처해지는 것이고, 예수님을 믿는 사람은 영생을 얻는다는 점이 다릅니다.

이것은 하늘에서 내려온 떡이니 조상들이 먹고도 죽

은 그것과 같지 아니하여 이 떡을 먹는 자는 영원히 살리라 요 6:58

예수님은 생명의 떡으로 태어나셨습니다. 베들레헴에서 태어나셨는데, '베들레헴'Bethlehem은 히브리어로 '떡집'이란 뜻입니다.

저는 설교할 때마다 늘 이런 생각을 합니다.

"설교는 떡이다."

"떡은 예수님이고 복음이다."

목회자가 된 저에게 하나님은 이런 음성을 들려주십니다.

"내 양을 먹이라. 멋있는 얘기만 하지 말고, 내 양들에게 떡을 주어라."

목회 초기에 한번은 멋있게 설교하려고 준비하는데 주님이 저를 꾸짖으셨습니다.

"준민아, 너는 누구를 위해 설교하느냐? 도대체 무엇을 전하고자 하느냐? 사람들에게 멋있게 보이고, 설교 잘한다는 얘기를 듣고 싶은 것이 아니냐? 그릇은 번지르르한데, 왜 떡은 나눠 주지 않느냐? 이것이 내 양을 먹이는 것이더냐?"

이 말씀이 제 생애를 바꿔 놨습니다. 그때부터 생명의 떡에 더욱 관심을 기울였습니다. 제 주위에는 소위

잘나가는 목회자들이 굉장히 많았습니다. 그러나 저는 셋방살이를 하면서도 오직 떡을 키우는 일에만 몰두했습니다. 그러자 하나님이 제게 은혜를 베풀어 주셨습니다. 그 후로 저는 항상 생명을 걸고 생명의 떡을 전하는 일을 하고 있습니다.

하나님은 우리가 다른 영혼들에 관심을 기울이며 그들에게 복음을 전하고, 그들을 제자로 삼아 기르고 선교하는 일을 가장 기뻐하십니다. 저는 복음을 전하는 길을 선택했고, 이 선택을 한 번도 후회해 본 적이 없습니다. 영원한 것을 위해서 헌신하는 것이기 때문입니다.

목회하면서 "무엇이 영원한가?"에 관한 답을 두 가지 더 찾았습니다. 하나는 "하나님 나라가 영원하다"는 것입니다.

> 주의 나라는 영원한 나라이니 주의 통치는 대대에 이르리이다 시 145:13

세상에서는 대통령과 왕들이 대단한 것처럼 보이지만, 그들은 영원하지 않습니다. 그러나 하나님 나라는 영원합니다.

이같이 하면 우리 주 곧 구주 예수 그리스도의 영원한 나라에 들어감을 넉넉히 너희에게 주시리라 벧후 1:11

이 땅에서의 삶은 영원하지 않습니다. 우리는 장차 영원한 하나님 나라에 들어갈 것입니다. 이 땅을 떠남과 동시에 영원한 나라에 들어가게 될 것입니다. 물론, 이 땅에서 사는 동안에도 하나님 나라를 경험할 수 있습니다.

다른 한 가지는 "예수님을 닮은 성품은 영원하다"는 것입니다.

이 땅을 떠날 때, 우리는 모든 걸 놔두고 가야 하지만, 예수님과 동행하면서 예수님을 닮게 된 성품만은 가져갈 것입니다. 그래서 하나님은 성품에 관심이 많으십니다.

하나님이 미리 아신 자들을 또한 그 아들의 형상을 본받게 하기 위하여 미리 정하셨으니 이는 그로 많은 형제 중에서 맏아들이 되게 하려 하심이니라 롬 8:29

"그 아들의 형상"이란 무엇일까요? 바로 '예수님의 성품'을 의미하는 것입니다.

또 미리 정하신 그들을 또한 부르시고 부르신 그들을
또한 의롭다 하시고 의롭다 하신 그들을 또한 영화롭
게 하셨느니라 롬 8:30

"영화롭게" 된다는 것은 무엇일까요? 예수님의 성품
을 닮는다는 것입니다. 좋은 성품만큼 우리에게 큰 유
익을 주는 것은 없습니다. 겸손하면, 사람들이 참 좋아
합니다. 교만하면, 어떻습니까? 하나님이 대적하십니
다. 성품이 거칠면, 사람들이 가까이하지 않습니다. 그
러나 성품이 예수님처럼 온유하면, 사람들이 가까이
모여듭니다. 이처럼 성품이 우리에게 얼마나 큰 유익
을 주는지 모릅니다.

03

하나님을 아는 일에
투자하십시오

요즘 사람들은 주식 투자에 관해 많이 얘기합니다. '투자'란 이익(유익)을 얻기 위해 어떤 일에 돈을 대거나 시간이나 정성을 쏟는 것을 말합니다. 사업에 투자할 수도 있고, 사람에게 투자할 수도 있습니다. 선교 헌금을 보내는 것이나 신학생을 키우는 것도 다 투자입니다. 하지만 투기는 다릅니다. 투기는 매우 위험할 뿐만 아니라 하나님이 매우 싫어하십니다.

투자와 투기는 어떻게 다를까요? 먼저, 투자를 제대로 하려면 연구하고 분석해야 합니다. 그러나 투기하는 사람은 연구하거나 분석하지 않습니다. 둘째, 투자하는 사람은 감정에 치우쳐서는 안 됩니다. 냉철한 분석과 분별력이 필요합니다. 그러나 투기하는 사람은 충동적이며 감정적입니다. 셋째, 장기적인 안목이 있는 사람은 투자하고, 근시안적인 안목을 가진 사람은 투기에 빠집니다. 넷째, 투자자는 투자 과정에서 치러야 할 대가를 정확히 알고 행합니다. 그러나 투기꾼은 그 과정에는 관심이 없고, 오로지 이익만 생각하며 행합니다. 다섯째, 투자하는 사람은 투자의 대상을 잘 알아보고 신중히 결정합니다. 그러나 투기하는 사람은 그 대상에 관심을 두기보다는 돈을 버는 것에만 집중합니다.

우리 믿음은 투자이지 투기가 아닙니다. 주님은 '제자도'란 '값을 지불하는 것'이라고 말씀하십니다. 1만 명으로 2만 명을 어떻게 이길 수 있습니까? 계산부터 해 봐야 합니다. 망대를 세우고자 하는 사람은 먼저 그 비용을 계산하고 자기가 가진 것을 헤아려야 합니다. 그렇지 않으면 그 기초만 쌓고 미처 완성하지 못하므로 비웃음만 살 것입니다. 하나님은 투기를 싫어하십니다. 우리는 영원의 관점에서 장기적인 안목을 가지고 살아가야 합니다.

목회자의 길을 갈 때 치러야 하는 대가가 있습니다. 목회의 길은 쉽지 않습니다. 고독하며 외로운 길입니다. 버림받기도 하고, 쫓겨나기도 합니다. 그래서 저는 찬송가를 부르면서 많이도 울었습니다.

"주 예수보다 더 귀한 것은 없네…"

"부름 받아 나선 이 몸…"

예수님은 제자들을 부르실 때 "나를 따라오려거든 자기를 부인하고 날마다 제 십자가를 지고 나를 따를 것이니라"눅 9:23라고 말씀하셨습니다. 목회자뿐만 아니라 모든 그리스도인은 자신이 치러야 할 대가를 정확히 알아야 합니다. 투기는 결국 실패합니다. 당장 유익을 줄 것만 같은 곳에 정성을 쏟지만, 그는 지혜롭지 않습니다. 대가를 치르려 하지 않기 때문입니다.

저는 제가 투자해야 할 대상을 알았습니다. 바로 하나님과 하나님 말씀입니다. 또한 예수님의 몸된 교회입니다. 하나님은 제게 교회의 영광을 보여 주셨습니다. "만물 안에서 만물을 충만하게 하시는 이의 충만함"엡 1:23을 보여 주시고, 교회를 통해서 열방이 복을 받는 것을 보여 주셨습니다. 열방에 선교하는 비전을 보여 주시니 믿음의 사람에게 투자하는 것이 얼마나 좋은가를 알게 되었습니다. 그래서 저는 교회에 올인했습니다.

그런데 하나님에게 투자하는 것이 왜 그렇게 중요할까요?

첫째, "하나님을 아는 것이 영생"이기 때문입니다.

> 영생은 곧 유일하신 참 하나님과 그가 보내신 자 예수
> 그리스도를 아는 것이니이다 요 17:3

예수 그리스도를 안다는 것은 친밀하게 안다는 것입니다. 영생은 곧 하나님과 예수님을 아는 것입니다.

둘째, "하나님을 아는 것이 명철"이기 때문입니다. "여호와를 경외하는 것이 지혜의 근본이요 '거룩하신 자를 아는 것' Knowledge of the Holy One이 명철"입니다 잠 9:10.

셋째, "하나님을 알고, 그분을 의뢰하는 사람은 복을 받기" 때문입니다.

> 그러나 무릇 여호와를 의지하며 여호와를 의뢰하는 그 사람은 복을 받을 것이라 렘 17:7

우상을 의지하는 사람은 어리석은 사람입니다. "환난 날에 진실하지 못한 자를 의뢰하는 것은 부러진 이와 위골된 발"잠 25:19과도 같습니다.

넷째, "하나님이 가장 원하시는 것은 우리가 하나님을 아는 것"이기 때문입니다.

> 나는 인애를 원하고 제사를 원하지 아니하며 번제보다 하나님을 아는 것을 원하노라 호 6:6

하나님을 더욱 알기 위해서는 하나님의 말씀을 묵상하는 시간을 가지십시오. 올바른 묵상은 두 가지로 압축할 수 있습니다. 그 말씀에서 하나님이 어떤 분인지와 하나님의 지혜와 원리를 찾으십시오, 여러 가지로 표현된 하나님의 이름을 살펴보십시오. 그리고 하나님의 성품과 그 하신 일과 지금 하고 계신 일에 초점을 맞추십시오. 그러고 나서 '나는 어떻게 살 것인가'를 생각하십시오. 성경을 그냥 보지 말고, 하나님이 어떤 분이신가를 질문하며 깊이 묵상하면 하나님이 보여 주십니다.

다섯째, "하나님은 우리에게 필요한 모든 지혜와 능력을 주시는 분"이기 때문입니다.

> 다니엘이 말하여 이르되 영원부터 영원까지 하나님의 이름을 찬송할 것은 지혜와 능력이 그에게 있음이로다 그는 때와 계절을 바꾸시며 왕들을 폐하시고 왕들을 세우시며 지혜자에게 지혜를 주시고 총명한 자에게 지식을 주시는도다 단 2:20-21

많은 사람이 성경을 읽습니다. 영국의 유명한 철학자 버트런드 러셀Bertrand Russell은 성경을 많이 읽었지만, 하나님을 알지는 못했습니다. 그래서 그는 《나는 왜 기독교인이 아닌가》라는 책을 썼습니다.

존 스토트John Stott가 《나는 왜 그리스도인이 되었는가》에서 말했듯이 우리가 하나님을 아는 것은 은혜에 속한 일입니다. 하나님을 아는 것은 노력한다고 되지 않습니다. 하나님이 자신을 보여 주시기 전까지는 알 수가 없습니다. 하나님은 인격자이시기 때문입니다. 인격자와의 만남에서는 상대방이 자신을 드러내어 주는 것만큼만 알 수 있습니다. 그러므로 하나님을 아는 것은 은혜입니다. 하나님이 은혜를 베풀어 주셔야만 하나님을 알 수 있습니다.

하나님을 아는 은혜는 어떻게 임할까요? 첫째, "하나님을 신뢰할 때" 하나님을 알 수 있습니다. 하나님은 인식의 대상이 아니십니다. 하나님을 인식한다 해도 우리 스스로가 하나님을 알 수는 없습니다. 하나님을 믿을 때, 비로소 하나님을 알게 됩니다. 예수님은 죽은 나사로를 위해 슬피 우는 누이 마르다를 향해서 "네가 믿으면 하나님의 영광을 보리라"요 11:40고 하지 않았느냐고 말씀하셨습니다. 믿으면 보게 되고, 알게 됩니다. 하나님은 믿을 때 경험하게 되는 신앙의 대상이십니다. 이것이 하나님의 신비입니다.

둘째, "하나님을 사랑할 때" 하나님을 알 수 있습니다. 우리는 보지 못한 이를 사랑할 수 있지만, 알지 못하는 이를 사랑할 수는 없습니다. 부부가 20년을 같이 살아도 서로 잘 모르는 경우가 많습니다. 그러나 사랑해 보십시오. 보이고, 알게 됩니다. 그 속에 있는 아픔을 알게 되고, 깊은 고통의 소리를 듣게 됩니다. 사랑하면 알게 되고, 또 알면 더 사랑하게 됩니다. 하나님을 알면 사랑하게 되고, 하나님을 사랑하면 더욱 깊이 알게 됩니다. 이것이 하나님과의 관계에서 볼 수 있는 신비입니다.

셋째, "하나님의 말씀을 통해" 하나님을 알 수 있습니다. 물론, 하나님이 만드신 자연이나 인간을 통해서도 하나님을 알 수 있습니다. 역사를 통해서도 하나님의 손길을 알 수 있습니다. 그러나 하나님을 알 수 있는 가장 안전한 길은 성경입니다. 왜냐하면 성경은 하나님이 자신을 계시해 주신 책이기 때문입니다.

넷째, "예수님을 통해" 하나님을 알 수 있습니다.

> 예수께서 이르시되 … 나를 본 자는 아버지를 보았거늘 어찌하여 아버지를 보이라 하느냐 내가 아버지 안에 거하고 아버지는 내 안에 계신 것을 네가 믿지 아니하느냐 … 요 14:9-10

다섯째, "하나님께 기도함으로써" 하나님을 알 수 있습니다. 하나님은 기도하는 사람들에게 하나님 자신을 계시해 주십니다. 하나님의 말씀 앞에 머물고 기도

할 때, 하나님이 자신을 보여 주십니다. 기도는 하나님과 깊은 친교를 나누는 것입니다. 기도를 통해 하나님의 음성을 듣고, 기도 응답을 통해 하나님을 깊이 경험하게 됩니다. 그래서 기도의 투자는 가장 소중한 투자입니다.

저는 기도를 통해서 많은 지혜를 얻고, 또 성경을 통해서도 큰 지혜를 얻습니다. 지금도 날마다 기도와 말씀으로 지혜를 구합니다.

04

아들을 얻는 자가
모든 것을 얻게 될 것입니다

조니 램Joni Lamb의 《남김없이 내려놓음》에서 전쟁터에서 다른 이의 생명을 구하고 죽은 아들을 너무나 사랑한 아버지의 이야기를 읽은 적이 있습니다.

미술 애호가인 외아들과 세계를 돌아다니며 피카소, 반 고흐, 모네와 같은 유명 화가들의 작품을 수집하는 것이 삶의 낙인 사업가가 있었습니다. 그가 아들과 함께 사들인 미술품의 가치는 십억 달러를 넘어섰습니다. 그는 예술을 이해하는 높은 안목을 가진 아들이 자랑스러웠습니다.

그런데 전쟁이 터졌고, 아들은 조국의 부름에 기꺼이 응했습니다. 그러나 얼마 후 아들이 실종되었다는 소식이 들려왔고, 결국 그가 가장 두려워하던 일이 벌어지고 말았습니다. 아들이 부상당한 병사를 안전한 곳으로 피신시키다가 전사했다는 것입니다. 아버지는 아들의 죽음으로 인해 깊은 슬픔에 빠졌습니다. 집 안에 걸린 훌륭한 미술품들도 그를 괴롭혔습니다. 아들과 함께했던 즐거운 여행의 기억이 새록새록 떠올랐기 때문입니다.

어느 날, 젊은 군인이 그를 찾아왔습니다. 아들이 구해 주었던 바로 그 병사였습니다. 그가 자신의 생명의 은인인 벗을 추모하며 그린 초상화를 아버지에게 선물로 주었습니다. 그 그림은 사업가의 집에 걸린 명화들에 비하면 참으로 보잘것없었지만, 위대한 사랑으로 탄생한 작품이었습니다. 아버지는 벽난로 위에 걸어 두었던 명화들을 치우고 그 자리에 아들의 초상화를 걸었습니다.

몇 달 후, 외아들을 잃은 슬픔에 쇠약해진 아버지가 숨을 거두고 말았습니다. 상속자가 따로 없었기 때문에, 그의 수집품들은 경매에 내놓였습니다. 그가 모은 명화들을 사들이기 위해 세계 각지에서 사람들이 몰려들었습니다.

첫 번째로 나온 작품은 모든 사람이 기대했던 걸작이 아닌, 젊은 군인이 그려서 선물해 주었던 아들의 초상화였습니다. 사람들은 초라한 그림을 비웃었고, 어서 다른 작품들을 내오라고 아우성쳤습니다. 그러나

이 작품이 팔리기 전에는 절대로 다른 작품들을 팔지 말라는 유언이 있었으므로 사회자는 고집스럽게 입찰을 기다렸습니다.

아무도 나서지 않을 때, 그 부자父子를 아는 한 지인이 100달러에 사겠다고 손을 들었습니다. 결국, 초상화는 100달러에 낙찰되었고, 사람들은 뒤이어 나올 명화들을 설레는 마음으로 기다렸습니다.

그런데 예기치 않게 사회자가 경매 종료를 선언했고, 사람들은 기절초풍했습니다. 사업가가 아들의 초상화를 사는 사람에게 나머지 모든 미술품의 소유권을 넘기겠다는 유언을 남겼기 때문입니다.

이 이야기 속에는 복음이 담겨 있습니다. 아버지가 가장 사랑하던 외아들이 전쟁터에서 나가서 친구를 살리려다가 대신 죽었는데, 그가 죽은 아들의 초상화를 그려서 가져왔습니다. 초상화는 아버지가 가장 사랑하는 작품이 되었습니다. 그래서 아버지는 사랑하는 아들의 초상화를 얻는 자가 모든 걸 얻게 되리라고 유언한 것입니다.

하나님도 마찬가지이십니다. 2,000여 년 전에 하나님은 가장 사랑하시는 독생자를 우리에게 보내 주셨습니다. 독생자 예수 그리스도께서 우리를 대신하여 십자가에서 죽으셨고, 부활하셨습니다. 누구든 하나님의 독생자 예수 그리스도를 영접하고, 또 그분에게 자신을 내어놓는 사람은 하나님 아버지의 모든 축복을 누리게 될 것입니다.

하나님이 말씀하십니다.

"내 아들을 얻는 자가 모든 것을 얻느니라!"

chapter 2

말씀을 위한
위대한 투자

무엇에 투자하느냐에 따라
얻는 게 달라집니다

가장 위대한 투자는 영원한 유익을 주는 것, 영원히 함께할 수 있는 일에 투자하는 것입니다. 그것이 가장 가치 있는 투자입니다. 중요한 것은 하나님이 우리에게 명하신 위대한 투자는 영원한 세계에서만 유익을 주는 것이 아니라는 점입니다. 위대한 투자는 이 땅에 사는 동안에도 우리 삶을 풍성하게 만들고, 우리를 영원히 복되게 합니다.

'투자' 하면 먼저 떠오르는 것이 시간이고, 그다음은 물질일 것입니다. 우리는 시간을 들여 하나님의 말씀을 읽고 배우고 연구하여 실천하고 전합니다. 얼마나 많은 시간을 투자하느냐가 중요합니다. 또 우리는 물질을 왜 소중히 여기지 않습니까? 왜냐하면 물질이 우리에게 필요한 것들을 제공해 주기 때문입니다. 물질

자체가 악은 아닙니다. 물질을 하나님처럼 섬기는 것이 문제이지 물질을 선용하고, 좋은 일에 투자하는 것은 가치 있는 일입니다. 그리고 한정된 에너지를 어디에 집중적으로 사용할 것인가의 문제도 투자와 관련이 있습니다. 무엇보다도 중요한 투자는 영혼을 구원하거나 사람을 키우거나 하나님의 교회를 세우는 일이라고 할 수 있습니다.

투자는 심는 것입니다. 가만히 두면 아무 일도 일어나지 않습니다. 그러므로 투자란 농작의 법칙과도 같습니다. 씨앗을 심고, 가꾸며 기다리다 보면 결실을 보게 됩니다. 저는 평소에 기다림을 굉장히 강조하는데, 사람들이 가끔 묻습니다.

"그냥 기다리면 됩니까?"

아닙니다. 우리는 날마다 씨앗을 심고, 날마다 준비하며 기다려야 합니다. 하루하루 살아가는 일이 바로 날마다 씨앗을 심고, 준비하는 일이라는 사실을 잊어서는 안 됩니다. 이것은 하나님이 정하신 아주 중요한 원리입니다.

결과를 얻으려면, 투자해야 합니다. 문제는 무엇에 투자할 것인가입니다. 무엇을 심느냐에 따라 거두는 게 달라집니다. 썩어질 것에 투자할 것인가? 아니면 영원한 것에 투자할 것인가?

스스로 속이지 말라 하나님은 업신여김을 받지 아니하시나니 사람이 무엇으로 심든지 그대로 거두리라 자기의 육체를 위하여 심는 자는 육체로부터 썩어질 것을 거두고 성령을 위하여 심는 자는 성령으로부터 영생을 거두리라 우리가 선을 행하되 낙심하지 말지니 포기하지 아니하면 때가 이르매 거두리라 갈 6:7-9

특별히 하나님의 말씀에 투자하는 것이 얼마나 중요한지 모릅니다. 말씀을 읽고, 암송하는 것, 또 말씀을 배우고 연구하고 묵상하고 실천하는 것, 나아가 말씀을 다른 사람들에게 전하고 가르치는 일이 모두 말씀에 대한 투자입니다. 하나님의 말씀에 시간을 들이고, 관심을 두는 것이야말로 위대한 투자입니다.

영원한 말씀의 보배로운 약속에 투자하십시오

하나님의 말씀에 투자하는 것이 중요한 이유는 첫 번째, 하나님의 말씀은 "영원"하기 때문입니다. 영원한 것에 투자하는 것이 지혜입니다.

풀은 마르고 꽃은 시드나 우리 하나님의 말씀은 영원히 서리라 하라 사 40:8

여호와여 주의 말씀은 영원히 하늘에 굳게 섰사오며 시 119:89

그러므로 모든 육체는 풀과 같고 그 모든 영광은 풀의 꽃과 같으니 풀은 마르고 꽃은 떨어지되 오직 주의 말씀은 세세토록 있도다 하였으니 너희에게 전한 복음이

곧 이 말씀이니라 벧전 1:24-25

베드로는 "세세토록" 있는 "주의 말씀"을 특별히 강조합니다. 당시 유대인들에게는 율법이 중요했습니다. 그런데 이제 그들에게 율법보다 나은 복음이 주어졌습니다. 복음, 곧 '좋은 소식' 안에 율법도 포함되어 있습니다. 게다가 복음은 "세세토록" 영원합니다.

두 번째 이유는 하나님의 말씀은 "보배로운 약속"이기 때문입니다. 하나님은 약속을 반드시 이루시는 분입니다. 우리가 할 일은 하나님의 약속을 찾아내어 그 약속을 붙잡고 기도하는 것입니다. 하나님의 약속은 성경 안에 있는 보물입니다. 우리는 보물찾기를 하듯 성경을 읽으며 하나님의 약속을 찾아내야 합니다.

그가 우리에게 약속하신 것은 이것이니 곧 영원한 생명이니라 요일 2:25

이로써 그 보배롭고 지극히 큰 약속을 우리에게 주사 이 약속으로 말미암아 너희가 정욕 때문에 세상에서 썩어질 것을 피하여 신성한 성품에 참여하는 자가 되게 하려 하셨느니라 벧후 1:4

우리는 약속을 찾아 붙잡을 뿐만 아니라 약속하신 이를 알아야 합니다.

또 약속하신 이는 미쁘시니 우리가 믿는 도리의 소망을 움직이지 말며 굳게 잡고 히 10:23

마음에 무엇을 간직하느냐에 따라 인생이 결정됩니다. 마음에 있는 가득한 것들을 내어놓기 마련이기 때문입니다. 그래서 하나님이 주신 약속의 말씀을 많이 암송할수록 굉장히 복됩니다. 그 약속이 우리 삶을 축복하고, 그 말씀이 우리 삶을 움직이기 때문입니다.

목사이자 저술가인 미국의 랜디 알콘Randy Alcorn은 그의 저서 《돈, 소유, 영원》에서 중국내지선교회를 설립한 허드슨 테일러Hudson Taylor가 은행 계좌를 개설할 때, 신청서의 자산 합계란에 이렇게 적었다고 소개했습니다.

"10파운드와 하나님이 주신 모든 약속"

이처럼 우리에게 가장 큰 자산은 물질이 아니라 하나님이 주신 모든 약속입니다.

김준곤 목사님이 '한국대학생선교회'CCC 활동에 필요한 자금을 마련하기 위해 미국에 갔다가 한 크리스천 사업가를 만나고 돌아오는 길에 돈 대신 쪽지 한 장을 받았다고 합니다. 비행기 안에서 열어 보니 말씀 한 구절이 쓰여 있었습니다.

> 그를 향하여 우리가 가진 바 담대함이 이것이니 그의
> 뜻대로 무엇을 구하면 들으심이라 요일 5:14

김 목사님은 그 약속의 말씀을 붙잡고, CCC의 놀라
운 역사를 일구어 냈습니다.

저도 비슷한 경험을 했습니다. 제가 신학대학에 갈
때, 어머니께서 첫 학기 등록금을 내주시면서 이렇게
말씀하셨습니다.

"나머지는 하나님이 도와주실 거야."

그러고는 어머니는 이후로 물질적인 도움을 주신 적
이 한 번도 없습니다. 아니, 도와주실 수가 없었습니
다. 어머니는 제게 하나님의 약속을 붙잡고 살도록 가
르치셨고, 저는 약속의 말씀을 붙잡고 기도했습니다.
그 덕분에 4년간 어머니의 도움 없이 하나님이 주신 기
도의 응답으로 신학교를 마칠 수 있었습니다.

1982년, 미국에 와서 3개월 만에 돈이 바닥났습니다.
하는 수 없이 골방에 들어가서 기도했습니다. 이후 근
40년이 지나는 동안 성실하신 하나님은 내내 약속을
시켜 주셨습니다. 세 필요를 채워 주셨고, 제가 심기는
교회의 모든 필요를 채워 주셨습니다. 성실하신 하나

님을 경험하는 기적을 많이 경험할 수 있었던 것은 하나님의 약속을 붙잡았기 때문입니다.

우리는 자녀들에게 많은 것을 남길 수 있지만, 하나님이 주신 약속의 말씀을 붙잡고 나가는 법을 가르치는 것이야말로 그중에서 가장 중요한 일입니다.

07
능력의 원천에
투자하십시오

우리가 말씀에 투자해야 하는 세 번째 이유는 하나님의 말씀은 "능력의 원천"이기 때문입니다. 어떤 능력을 말하는 것일까요? 첫째, 창조의 능력입니다.

> 믿음으로 모든 세계가 하나님의 말씀으로 지어진 줄을
> 우리가 아나니 보이는 것은 나타난 것으로 말미암아
> 된 것이 아니니라 히 11:3

하나님은 말씀으로 천지를 창조하셨습니다. 하나님은 우리에게 말씀의 능력을 주셨습니다. 말은 삶의 씨앗과도 같습니다. 심은 대로 거두기 때문입니다.

둘째, 말씀은 "거듭나게 하는 능력"입니다. 우리는 두 번 태어나야 합니다. 한 번은 육신의 몸으로, 한 번은

영으로 다시 태어나야 합니다.

> 너희가 거듭난 것은 썩어질 씨로 된 것이 아니요 썩지
> 아니할 씨로 된 것이니 살아 있고 항상 있는 하나님의
> 말씀으로 되었느니라 벧전 1:23

셋째, 말씀은 "살리는 능력"입니다.

> 살리는 것은 영이니 육은 무익하니라 내가 너희에게
> 이른 말은 영이요 생명이라 요 6:63

요즘 파스칼Pascal이 쓴 《팡세Pensées》를 조금씩 읽고 있는데, 그가 이런 말을 했습니다.

"마호메트는 사람을 죽이라고 했다. 그러나 예수는 사람을 살리라고 말씀하셨고 살리러 오셨다."

저는 파스칼의 《팡세》가 기독교 변증서 가운데 가장 탁월한 책 중의 하나라고 생각합니다. 깊은 체험적 진리를 간결한 문장으로 압축한 아포리즘aphorism이 가득한 책으로 아주 감동적입니다.

요한의 말대로 "살리는 것은 영"입니다. 기독교는 생명을 죽이는 종교가 아니라 생명을 살리는 운동인 것입니다.

도둑이 오는 것은 도둑질하고 죽이고 멸망시키려는 것
뿐이요 내가 온 것은 양으로 생명을 얻게 하고 더 풍성
히 얻게 하려는 것이라 요 10:10

넷째, 말씀은 "치유의 능력"입니다. 예수님은 말씀으
로 귀신을 내쫓으셨고, 병든 자를 고치셨습니다.

저물매 사람들이 귀신 들린 자를 많이 데리고 예수께
오거늘 예수께서 말씀으로 귀신들을 쫓아내시고 병든
자들을 다 고치시니 마 8:16

저는 이 말씀을 붙잡고 지금까지 목회하고 있습니
다. '하나님, 제가 말씀을 증거하는 동안에 귀신이 떠
나가고 병마가 떠나가고 하나님의 생명이 물밀듯이 성
도들에게 들어가게 해 주십시오'라고 늘 기도하고 있
습니다.

다섯째, 말씀은 "위로하는 능력"입니다.

이 말씀은 나의 고난 중의 위로라 주의 말씀이 나를 살
리셨기 때문이니이다 시 119:50

고난과 역경과 시련과 고통 중에 있을 때, 우리를 정

말로 위로해 주는 게 무엇일까요? 바로 하나님의 말씀입니다. 고난 중에 시편을 읽으면 말씀이 답니다. 욥기를 읽으면 그 맛을 제대로 느끼게 됩니다. 고난을 겪어 보기 전까지는 시편이나 욥기의 맛을 제대로 알 수가 없습니다.

> 너희의 하나님이 이르시되 너희는 위로하라 내 백성을 위로하라 사 40:1

이민 목회는 위로 목회입니다. 저는 이 말씀을 가장 중요하게 여기며 붙잡았습니다. 가끔 사람들이 제게 이렇게 묻곤 합니다.

"왜 목사님은 예언자처럼 큰 소리로 외치거나 야단을 치지 않습니까?"

목회자는 예언자적 기능도 해야 하지만, 저는 이민 목회자이기 때문입니다. 이민 목회에서 가장 중요한 것은 위로입니다. 이민자들의 상처 입은 마음을 위로하는 것이 무엇보다도 중요합니다.

> 우리의 모든 환난 중에서 우리를 위로하사 우리로 하여금 하나님께 받는 위로로써 모든 환난 중에 있는 자들을 능히 위로하게 하시는 이시로다 고후 1:4

복음은 곧 위로의 말씀입니다. 성경은 책망하더라도 온유함으로 하라고 말합니다. 화가 나면 잠시 멈추고 기도하는 편이 낫습니다. 미국의 목회 상담가 폴 트립 Paul Tripp은 《영원》이라는 책에서 기도하는 지혜에 관한 이야기를 들려주었습니다.

폴 트립의 아들이 친구 집에 놀러 간다고 거짓말을 하고 나갔다가 들통이 났습니다. 아들이 거짓말하는 것을 견딜 수가 없던 그는 아내에게 몹시 화를 냈습니다. 그러자 아내가 "지금 문제는 아들이 아니라 당신이니 어서 기도하세요"라고 말했습니다. 그는 투덜거리면서도 아내의 말대로 기도하기 시작했습니다. 기도를 하다 보니 자신과 아들의 인생이 파노라마처럼 보이기 시작했습니다. 자신 또한 사춘기에 그런 경험을 했던 것을 떠올리고는 아들을 이해하고 용서할 수 있었습니다. 아들이 집에 돌아오자 아버지는 야단치는 대신에 "요즘 많이 힘들지?" 하고 위로의 말을 건넸습니다. 그러자 아들이 아버지에게 마음을 터놓고 이야기하기 시작했습니다.

하나님의 말씀이 아버지에게 역사하니 책망하더라도 지혜와 애정이 담긴 온유한 말로 하게 되지 않습니까? 이것이 영원의 관점으로 인생을 바라보는 사람들의 지혜입니다. 자녀가 잘못을 저질러도 무턱대고 책망부터 하지 않습니다. 왜냐하면 은혜를 보기 때문입니다.

여섯째, 말씀은 "지혜를 공급해 주는 능력"입니다.

> 지혜가 제일이니 지혜를 얻으라 네가 얻은 모든 것을 가지고 명철을 얻을지니라 잠 4:7

> 여호와의 율법은 완전하여 영혼을 소성시키며 여호와의 증거는 확실하여 우둔한 자를 지혜롭게 하며 시 19:7

일곱째, 말씀은 "기도에 힘을 더해 주는 능력"입니다. 말씀을 읽다 보면 기도하고 싶어지고, 말씀을 따라 기도하게 됩니다.

> 너희가 내 안에 거하고 내 말이 너희 안에 거하면 무엇이든지 원하는 대로 구하라 그리하면 이루리라 요 15:7

여덟째, 말씀은 "정결케 하는 능력"입니다.

> 이는 곧 물로 씻어 말씀으로 깨끗하게 하사 거룩하게 하시고 엡 5:26

아홉째, 말씀은 "우리 믿음을 키우는 능력"입니다.

> 사람이 마음으로 믿어 의에 이르고 입으로 시인하여 구원에 이르느니라 롬 10:10

열째, 말씀은 "영적으로 성장하고 성숙하게 하는 능력"입니다.

> 갓난아기들같이 순전하고 신령한 젖을 사모하라 이는 그로 말미암아 너희로 구원에 이르도록 자라게 하려 함이라 벧전 2:2

"구원에 이르도록"을 영어 성경으로 보면, "in your salvation"NIV이라고 쓰여 있습니다. 구원받은 성도는 '구원 안에서' 자라기 마련입니다.

어느 학교에서 있었던 일입니다. 굉장히 중요한 보직을 맡아 일하던 어떤 교사가 퇴직하자 20년 근속한 교사는 그 자리가 당연히 자기 몫이 될 것으로 생각했답니다. 그런데 교장 선생님이 그를 제치고 고작 4년 경력의 교사를 그 자리에 앉혔습니다. 20년 근속한 교사가 교장 선생님에게 물었습니다.

"저는 경력이 20년이나 되는데, 왜 4년밖에 안 된 저

선생님을 앉히십니까?"

교장 선생님의 대답이 놀라웠습니다.

"선생님은 1년 공부로 20년을 우려먹었지만, 저 선생님은 4년 내내 공부하여 계속 성장해 왔습니다. 그러니 비교할 수 없습니다."

이 이야기가 제게 큰 충격으로 다가왔습니다. 한 가지를 가지고 30년 동안 반복할 것인지 아니면 계속해서 자랄 것인지를 자신에게 묻고 점검하곤 했습니다. 저는 앞으로도 계속 자라나고 싶습니다. 날마다 성장하고 싶습니다. 성장을 멈추면, 소위 꼰대가 됩니다. 그러면 영향력을 발휘할 수가 없습니다. 나이가 들어도 날마다 성장해야 합니다. 그래야 새로워집니다.

08
말씀에 투자하면
풍성한 복을 얻습니다

우리가 말씀에 투자해야 하는 네 번째 이유는 하나님의 말씀에 "풍성한 복"이 담겨 있기 때문입니다. 하나님은 말씀 안에 풍성한 복을 담아 두셨습니다.

오직 주의 말씀은 세세토록 있도다 하였으니 너희에게 전한 복음이 곧 이 말씀이니라 벧전 1:25

내가 복음을 부끄러워하지 아니하노니 이 복음은 모든 믿는 자에게 구원을 주시는 하나님의 능력이 됨이라 먼저는 유대인에게요 그리고 헬라인에게로다 복음에는 하나님의 의가 나타나서 믿음으로 믿음에 이르게 하나니 기록된 바 오직 의인은 믿음으로 말미암아 살리라 함과 같으니라 롬 1:16-17

우리는 복음을 통해 구원을 받고, 영생을 얻습니다. 복음을 통해 하나님의 자녀가 되어 하나님 아버지께 담대히 나아갈 수 있게 됩니다. 복음을 통해 하나님 나라를 유업으로 받고, 예수님과 함께 유업의 상속자가 됩니다. 우리는 복음을 통해 천국 소망, 부활 소망, 재림 소망을 갖습니다.

> 이 예언의 말씀을 읽는 자와 듣는 자와 그 가운데에 기록한 것을 지키는 자는 복이 있나니 때가 가까움이라 계 1:3

요한계시록에 일곱 가지 복이 나오는데, 그중에 제일 먼저 나오는 복이 바로 이것입니다. 하나님이 주신 "예언의 말씀을 읽는 자와 듣는 자와 그 가운데에 기록한 것을 지키는 자"가 복이 있습니다.

다섯 번째 이유는 하나님의 말씀을 "배우고 연구하고 실천하고 가르치는 것이 위대한 투자"이기 때문입니다.

> 에스라가 여호와의 율법을 연구하여 준행하며 율례와 규례를 이스라엘에게 가르치기로 결심하였었더라 스 7:10

그러므로 너희는 가서 모든 민족을 제자로 삼아 아버지와 아들과 성령의 이름으로 세례를 베풀고 내가 너희에게 분부한 모든 것을 가르쳐 지키게 하라 볼지어다 내가 세상 끝날까지 너희와 항상 함께 있으리라 하시니라 마 28:19-20

교회에 처음 나오는 사람은 배우는 데 시간을 투자해야 합니다. 성경을 처음부터 다 이해할 수는 없습니다. 제대로 이해하기 위해서는 성경 전체의 맥을 파악해야 합니다. 그러려면 교사의 도움이 필요합니다. 하나님이 교회를 위해 세우신 교사가 바로 목회자입니다. 에베소서에 보면, 하나님이 은사에 따라 사람들을 세우십니다. "어떤 사람은 목사와 교사로"엡 4:11 세우시는데, 이들이 가르치는 자입니다. 그러므로 목사는 반드시 성경 교사가 되어야 합니다.

올바로 배워야 올바로 자랄 수 있습니다. 사도 바울이 영의 아들 디모데에게 중요한 말을 남겼습니다.

그러나 너는 배우고 확신한 일에 거하라 너는 네가 누구에게서 배운 것을 알며 딤후 3:14

'너는 네가 누구에게 배웠는지를 알라'는 것은 중요

한 이야기입니다. 가장 건강한 배움은 나를 정말로 사랑하고, 나를 위해서 기도하는 목회자와 공동체에게서 배우는 것입니다. 좋은 청자가 되어야 좋은 성도가 될 수 있습니다.

성도는 성경을 배우는 데 시간을 투자해야 합니다. 성경 연구에 시간을 투자하십시오. 성경 통독을 통해 전체 그림을 보는 법을 배우고, 제자훈련 프로그램에 참석하여 배우십시오. 모두 다 중요한 원리이니 시간을 투자하십시오.

제 생애 가운데 큐티하는 법을 배운 것은 정말로 놀라운 투자였습니다. 지금도 잊지 못하는 분들이 있습니다. 디모데성경연구원을 설립한 이재학 목사님이 미주 두란노서원에서 일하실 때, 가까이 지냈는데 저를 무척 좋아하셨습니다. 저도 이 목사님을 좋아했습니다. 그분이 저한테 하용조 목사님이 산호세에서 목회자들을 대상으로 큐티 세미나 하셨던 교안과 녹음테이프를 주셨습니다. 그것을 듣고 큐티하기 시작했고, 말씀을 묵상하고 깨달은 것들이 글이 되고 설교가 되었습니다. 큐티를 하면서 제 감정을 인식하게 되었고, 솔직하게 털어놓는 훈련을 하게 되었습니다.

"하나님, 너무 힘들어요. 너무 괴로워요. 정말 힘들어요. 어떻게 하죠?"

이렇게 하나님께 솔직하게 이야기하고, 그것을 글로 쓰다 보니 제 내면의 변화가 일어나기 시작했습니다. 거기서 멈추지 않고, 시간을 투자하여 공부하고 큐티 세미나를 열기 시작했습니다.

이처럼 투자가 중요합니다. 제자훈련에 1년 정도 투자해 보십시오. 또한 성경 공부에 투자해 보십시오. 1년 동안 성경 통독을 해 봐도 좋습니다. 하나님이 주시는 말씀의 은혜를 얻기 위해 시간과 물질을 투자해 보십시오.

성경은 성령님의 영감으로 쓰인 책입니다. 하나님은 자신을 성경에 계시하셨습니다. 우리가 성경을 읽을 때, 성령님이 역사하셔서 우리에게 하나님을 보여 주십니다.

특별히 성경은 예수님에 관해 기록하고 있습니다.

> 너희가 성경에서 영생을 얻는 줄 생각하고 성경을 연구하거니와 이 성경이 곧 내게 대하여 증언하는 것이니라 요 5:39

하나님을 아는 것이 가장 소중합니다. 말씀에 투자한다는 것은 곧 말씀이신 예수님에게 우리 삶을 드린다는 뜻입니다.

말씀이 육신이 되어 우리 가운데 거하시매 우리가 그의 영광을 보니 아버지의 독생자의 영광이요 은혜와 진리가 충만하더라 요 1:14

성경을 읽다 보면 그리스도의 영광, 곧 하나님의 영광을 보게 됩니다. 말씀을 연구하고 실천하는 데 투자하면, 우리 삶에 완전한 변화가 나타날 뿐만 아니라 영원한 축복이 임합니다.

하나님은 사울을 버리셨습니다. 사무엘은 사울에게 "왕이 여호와의 말씀을 버렸으므로 여호와께서도 왕을 버려 왕이 되지 못하게 하셨나이다"삼상 15:23라고 일갈했습니다. 저는 이 말씀에 큰 충격을 받았습니다. 그래서 결심했습니다.

"나는 말씀을 붙잡고 목회하리라. 다른 건 부족해도 말씀을 붙잡고 목회하리라."

그런데 말씀을 붙잡고 목회했더니 하나님이 참 많은 복을 주셨습니다.

저는 설교를 준비하는 데 가장 많은 시간을 투자합니다. 제가 말씀을 잘 준비해야지 성도들의 시간을 낭비하지 않고, 또 성도들의 삶을 풍성하게 만들 수 있기 때문입니다.

말씀을 존귀히 여기십시오. 말씀을 가까이하고, 잘

배워서 다른 사람들에게 하나님의 말씀을 전해 보십시오. 전하면 전할수록 더 많이 배우게 됩니다. 그리고 말씀을 가까이하는 데에 투자하십시오. 필요하면 성경 사전도 구입하고, 여러 번역본을 사서 비교하며 읽어 보십시오. 성경 각 권의 개론을 구입하여 공부해 보십시오. 그렇게 함으로써 신앙이 성장합니다.

말씀을 읽고 암송하고 묵상하고 연구하고 실천하고 가르치는 것이야말로 가장 위대한 투자입니다. 정말 복된 투자입니다. 말씀에 투자함으로써 풍성한 복을 누리시길 빕니다. 다시 한 번 기억하십시오. 이 세상의 모든 지식은 유한합니다. 이 땅을 떠날 때, 두고 가야 합니다. 하지만 하나님의 말씀에 관한 지식만큼은 우리와 영원히 함께합니다.

하나님께서 말씀하십니다.

> 이 율법책을 네 입에서 떠나지 말게 하며 주야로 그것을 묵상하여 그 안에 기록된 대로 다 지켜 행하라 그리하면 네 길이 평탄하게 될 것이며 네가 형통하리라
>
> 수 1:8

하나님 말씀대로 살 때에 형통하게 된다고 약속해 주십니다. 저는 여러분이 정말 잘되시길 원합니다. 영원

히 잘되시기를 원합니다. 이 말씀이 여러분에게 축복이 되기를 바랍니다.

3

영혼을 위한
위대한 투자

The Great Investment

09

정말로 중요한 것은
눈에 보이지 않습니다

저는 아내와 미국에 이민 와서 처음 10여 년간 중고 차만 타고 다녔습니다. 그중에 저를 아주 많이 고생시킨 차가 있습니다. 지금은 단종된 포드 토러스_{Ford Taurus}란 차인데, 중고차 가게에서 샀을 때는 겉으로 꽤 멋있어 보였지만, 타는 동안에 정말 많이 고생했습니다. 자동차를 살 때, 제일 중요한 게 무엇일까요? 외장일까요? 승차감일까요? 아니면 후드 안에 있는 엔진일까요? 당연히 엔진이 중요합니다. 자동차든 선박이든 비행기든 제일 중요한 것은 겉으로 보이지 않는 엔진입니다.

영국 암노스유럽선교회 대표인 최종상 선교사님은 둘로스 선교선 단장으로 55개국 90개 항구를 방문하여 사역한 경험이 있습니다. 선교사님이 아무리 지휘를 잘해도 겉으로 보이지 않는 배 밑바닥의 엔진이 움직이지 않으면 둘로스호는 움직일 수 없었을 것입니다.

인간도 마찬가지입니다. 육체도 중요하지만, 더 중요한 것은 겉으로 보이지 않는 우리 영혼입니다. 즉 우리 안에 감추어져 있는 내면세계가 더 중요하다는 뜻입니다. 내면세계는 영과 혼이 만나는 곳입니다.

하나님은 우리 영혼을 제일 소중히 여기십니다. 예수님이 이 땅에 오신 것은 죄인의 영혼을 구원하기 위해서였습니다. 하나님은 독생자를 내어 주셨고, 예수님은 자신을 내어 주어 핏값으로 우리를 사셨습니다. 실로 엄청난 희생이며 투자입니다.

하나님이 세상을 이처럼 사랑하사 독생자를 주셨으니 이는 그를 믿는 자마다 멸망하지 않고 영생을 얻게 하려 하심이라 요 3:16

나는 선한 목자라 선한 목자는 양들을 위하여 목숨을 버리거니와 요 10:11

하나님은 우리 영혼을 위해 독생자 예수님을 투자하신 셈입니다. 왜 하나님은 인간의 영혼을 그토록 소중히 여기시는 걸까요? 인간의 영혼은 천하보다 귀하기 때문이라고 말씀하십니다.

사람이 만일 온 천하를 얻고도 자기 목숨을 잃으면 무
엇이 유익하리요 사람이 무엇을 주고 자기 목숨과 바
꾸겠느냐 막 8:36-37

영혼의 가치를
아십니까

언젠가 지구촌교회의 이동원 목사님에게 "목사님은 늘 평안해 보이시는데, 비결이 무엇입니까?" 하고 여쭈었더니, "이건 비밀인데, 피터 로드Peter Lord가 쓴《소울 케어Soul Care》라는 책을 틈틈이 읽는다오. 강 목사도 한 번 읽어 봐요"라고 말씀하셨습니다. '영혼 관리'를 주제로 한 이 책은 제게 큰 도움이 되었습니다. 위대한 투자를 위한 아주 중요한 가르침을 얻을 수 있었습니다.

피터 로드는 '가치를 결정하는 여덟 가지 요소'가 있다고 말합니다. 첫째, 가치는 누가 만들었느냐에 따라 결정됩니다. 누구의 작품이냐가 중요하다는 뜻입니다. 똑같은 그림도 피카소가 그렸는지 반 고흐가 그렸는지에 따라 그 가치가 달라집니다. 책도 그렇습니다. 내용을 훑어보기도 전에 저자의 이름만 보고 선택할 때가 있지 않습니까? 저자에 대한 신뢰가 있기 때문입니다. 인간은 하나님이 만드셨습니다. 온 우주를 주관하시는 창조주 하나님이 인간을 만드셨습니다. 그래서 인간은 소중한 존재인 것입니다.

둘째, 무엇으로 만들었느냐에 따라 가치가 결정됩니다. 훌륭한 셰프들은 재료를 직접 보고 고른다고 합니다. 그만큼 재료가 중요하다는 뜻입니다. 하나님은 인간을 만드시되 그냥 흙으로만 만드는 것이 아니라 하나님의 형상을 따라 만드시고, 그 코에 하나님의 생기를 불어넣어 주셨습니다. 그래서 인간은 다른 피조물들과는 비교할 수 없을 정도로 귀한 존재입니다.

셋째, 희귀성에 따라 가치가 결정됩니다. 수량을 제한하여 판매하는 리미티드 에디션Limited Edition이 얼마나 귀합니까? 올림픽 주화처럼 한시적으로 만들어지거나 고가의 자동차가 소량만 제작되기도 합니다. 희귀하니 높은 가격에 거래되곤 합니다. 인간이야말로 정말로 독특합니다. 한 사람 한 사람이 모두 다르니 각 사람이 유일한 존재입니다. 심지어 쌍둥이조차도 서로 다릅니다. 하나님이 그렇게 만들어 놓으셨습니다. 그래서 가치가 있는 것입니다.

넷째, 개인적인 기호와 선택에 따라 그 가치가 결정됩니다. 어떤 사람이 자신에게 소중하다고 여기는 것이 있다면, 그것은 그에게 가치 있는 것입니다. 저희 둘째 딸이 어릴 때 할머니 손에서 많이 컸습니다. 늘 할머니와 잠들곤 했습니다. 그래서인지 할머니의 옷을 그렇게 좋아했습니다. 어린 시절엔 수양회를 갈 때 할머니 옷을 가져가곤 했습니다. 둘째에게 할머니 옷은 그 무엇보다도 소중한 보물입니다.

누군가가 소중하다고 선택하면, 소중해지는 것입니다. 이것이 구별됨입니다. 하나님은 우리를 선택하셨습니다. 특별히 예수 믿는 사람들을 선택하셨습니다. 모든 만물 가운데 인간을 가장 가치 있는 존재로 선택하신 겁니다. 특별한 이유가 있어서가 아닙니다. 그냥 선택하셨습니다. 예수님은 열두 제자를 선택하셨습니다. 그들 대부분이 어부였고, 세리도 있었습니다. 하나님은 기생 라합이나 모압 여인 룻이나 시아버지와 동침한 다말까지도 선택하셨습니다. 예수님은 착하고 의로운 사람들을 위해 오신 것이 아닙니다. 오히려 잃어버린 자들, 죄인들을 찾아 신부로 삼기 위해 오셨습니다. 예수님이 우리를 구원하기로 선택하셨기에 우리가 가치 있는 존재가 되었습니다.

다섯째, 잠재적인 가치에 따라 가치가 결정됩니다. 인간의 가능성은 무한합니다. 모세를 생각하고, 요셉을 생각해 보십시오. 바울은 또 어떤가요? 한 사람 속에 있는 가능성이란 엄청난 것입니다. 모든 사람이 가능성을 가지고 있지만, 그 가능성을 발견하고 개발하느냐 안 하느냐에 따라서 큰 차이를 경험하게 됩니다.

여섯째, 영원성에 의해 가치가 결정됩니다. 3년 계약으로 자동차를 임대한 사람은 차를 마구 굴리는 경향이 있습니다. 왜 그럴까요? 3년만 사용할 것을 알기 때문입니다. 유통기한이 짧은 약이나 음식은 조금만 지나도 그냥 버려집니다. 이처럼 어떤 것들은 유한하지만, 반면에 영원한 것도 있습니다. 부모와 자녀의 관계를 보십시오. 평생 지속될 관계이고 영원한 관계입니다. 우리 영혼도 영원합니다. 영원한 것은 가치가 있습니다.

일곱째, 실용성에 의해 가치가 결정됩니다. 얼마나 쓸 만한가의 문제입니다. 우리 영혼을 잘 돌보면 놀라운 일이 벌어집니다. 영혼을 잘 관리하면 엄청난 축복을 누리게 됩니다. 성품도 마찬가지입니다. 성품이 좋으면, 이 땅에 사는 동안에 존경을 받습니다. 교만하면 어떻습니까? 하나님은 교만한 자를 미워하고 물리치십니다잠 16:5, 약 4:6. 하나님은 눈에 보이지 않는 영혼이나 성품에 투자하라고 말씀하십니다. 이 위대한 투자는 영원한 세계에서만 유익을 주는 것이 아니라 이 땅에 사는 동안에도 엄청난 축복을 받게 되니 실용적입니다.

여덟째, 가격표에 의해 가치가 결정됩니다. 우리는 예수님의 핏값으로 사신 바 되었습니다. 예수님은 우리를 구원하기 위해 엄청난 값을 치르셨습니다. 그만큼 우리 영혼은 가치가 있다는 뜻입니다. 우리는 얼마짜리일까요? 우리는 '예수님짜리'입니다. 세상의 어떤 것과도 값을 비교할 수 없는 '예수님짜리'입니다.

> 너희 몸은 너희가 하나님께로부터 받은 바 너희 가운데 계신 성령의 전인 줄을 알지 못하느냐 너희는 너희 자신의 것이 아니라 값으로 산 것이 되었으니 그런즉 너희 몸으로 하나님께 영광을 돌리라 고전 6:19-20

> 그들이 새 노래를 불러 이르되 두루마리를 가지시고 그 인봉을 떼기에 합당하시도다 일찍이 죽임을 당하사 각 족속과 방언과 백성과 나라 가운데에서 사람들을 피로 사서 하나님께 드리시고 계 5:9

하나님 아버지와 예수님이 인간의 영혼을 위해 투자하신 것처럼, 우리도 인간의 영혼을 위해 투자해야 합니다.

영혼에 투자하는
일곱 가지 방법

우리가 영혼에 투자해야만 하는 근거는 무엇입니까? 하나님은 사람을 귀하게 여기실 뿐만 아니라 사람을 통해 일하시기 때문입니다. 하나님은 직접 일하실 수 있지만, 그렇게 하지 않으십니다.

> 하나님이 이르시되 우리의 형상을 따라 우리의 모양대로 우리가 사람을 만들고 그들로 바다의 물고기와 하늘의 새와 가축과 온 땅과 땅에 기는 모든 것을 다스리게 하자 하시고 창 1:26

하나님의 형상대로 사람을 창조하시고, 사람을 통해 일하고자 하셨습니다. 아담과 하와에게 모든 만물을 다스리라고 말씀하셨습니다.

이제 내가 너를 바로에게 보내어 너에게 내 백성 이스
라엘 자손을 애굽에서 인도하여 내게 하리라 … 하나
님이 이르시되 내가 반드시 너와 함께 있으리라 네가
그 백성을 애굽에서 인도하여 낸 후에 너희가 이 산에
서 하나님을 섬기리니 이것이 내가 너를 보낸 증거니
라 출 3:10, 12

하나님은 모세를 선택하셨습니다. 모세로 하여금 이
스라엘 민족을 구원하라고 하셨습니다. 예수님은 제자
들을 선택하셨고, 그들로 하여금 세계 복음화를 이루
게 하셨습니다. 하나님은 혼자 일하시는 분이 아닙니
다. 성부와 성자와 성령이 함께하실 뿐만 아니라 피조
물인 사람을 동역자로 부르셨습니다. 그러므로 사람에
게 투자해야 합니다.

이때에 예수께서 기도하시러 산으로 가사 밤이 새도록
하나님께 기도하시고 밝으매 그 제자들을 부르사 그중
에서 열둘을 택하여 사도라 칭하셨으니 눅 6:12-13

성경은 사람을 얻는 것이 "지혜"라고 말합니다.

의인의 열매는 생명나무라 지혜로운 자는 사람을 얻

느니라 잠 11:30

저는 사람에 대한 관심이 많습니다. 특히 함께 목회하는 동역자들에게 관심이 많습니다. 그래서 어느 집회에서든지 늘 동역자들을 눈여겨봅니다. 왜냐하면 사람을 얻는다는 것은 정말로 소중한 일이기 때문입니다.

제가 30대에서 40대로 접어들 무렵에 저를 많이 아껴 주시던 장로님이 제게 이런 말을 해 주셨습니다.

"하나님이 앞으로 목사님을 훌륭히 사용하실 텐데, 만약에 목사님이 동역자만 잘 만난다면 사역에 날개가 달릴 것입니다."

지금 저를 보면, 동역자들 덕분에 날개를 단 것 같습니다. 저 혼자 사역할 수 있었을까요? 어림도 없습니다. 이처럼 만남이란 참 중요한 것입니다.

부부의 만남도 마찬가지입니다.

누가 현숙한 여인을 찾아 얻겠느냐 그의 값은 진주보다 더 하니라 잠 31:10

사도 바울처럼 "더 많은 사람"을 얻기 위해 사람에게 투자하십시오. 사람에게 투자하는 것이 지혜입니다.

내가 모든 사람에게서 자유로우나 스스로 모든 사람에게 종이 된 것은 더 많은 사람을 얻고자 함이라 고전 9:19

약한 자들에게 내가 약한 자와 같이 된 것은 약한 자들을 얻고자 함이요 내가 여러 사람에게 여러 모습이 된 것은 아무쪼록 몇 사람이라도 구원하고자 함이니 고전 9:22

그러면 사람에게 어떻게 투자해야 할까요?
첫째, 복음을 전함으로써 사람에게 투자하십시오.

너는 말씀을 전파하라 때를 얻든지 못 얻든지 항상 힘쓰라 범사에 오래 참음과 가르침으로 경책하며 경계하며 권하라 딤후 4:2

둘째, 좋은 만남을 주선함으로써 사람에게 투자하십시오. 세례 요한은 제자들을 위해 예수님과의 만남을 주선했습니다.

또 이튿날 요한이 자기 제자 중 두 사람과 함께 섰다가 예수께서 거니심을 보고 말하되 보라 하나님의 어린 양이로다 두 제자가 그의 말을 듣고 예수를 따르거

늘 _{요 1:35-37}

또 바나바는 바울을 위해 사도들과의 만남을 주선했습니다.

사울이 예루살렘에 가서 제자들을 사귀고자 하나 다두려워하여 그가 제자 됨을 믿지 아니하니 바나바가데리고 사도들에게 가서 그가 길에서 어떻게 주를 보았는지와 주께서 그에게 말씀하신 일과 다메섹에서 그가 어떻게 예수의 이름으로 담대히 말하였는지를 전하니라 _{행 9:26-27}

사람을 키우는 좋은 멘토는 좋은 스승과의 만남을 주선합니다. 세례 요한이 자신이 아끼는 제자들이 예수님과 만날 수 있도록 도왔듯이 저도 성도들이 예수님과만날 수 있도록 돕고 있습니다. 좋은 만남을 주선하기위해, 제가 읽었던 좋은 책을 소개하기도 하고, 좋은 분들을 초청해서 말씀을 듣기도 하는 것입니다.

셋째, 교육을 통해 사람에게 투자하십시오.

예수께서 무리를 보시고 산에 올라가 앉으시니 제자들이 나아온지라 입을 열어 가르쳐 이르시되 _{마 5:1-2}

교육만큼 좋은 투자가 없습니다. 하나님은 애굽에서 노예살이하던 히브리인들을 구원하시어 광야에서 40년 동안 그들에게 투자하심으로써 그들을 위대한 민족으로 만드셨습니다. 예수님의 제자들은 대부분 학식이 별로 없는 어부들이었습니다. 그런 그들이 예수님 곁에서 3년간 교육을 받더니 놀랍게 변화하였습니다.

저는 청년들에게 너무 일찍 돈맛을 보지 말고 교육에 먼저 투자하라고 말해 주곤 합니다. 돈맛을 먼저 보면 교육을 안 받기 때문입니다. 교육이란 지식 습득만을 말하는 것이 아닙니다. 덕성을 함양하고, 품격을 배우는 것이 교육입니다. 우리는 왕의 자녀, 왕의 아들딸들입니다. 그러니 교육을 잘 받아야 합니다. 왕이 쓰는 언어가 있고, 입는 옷이 있고, 예절이 있습니다. 그런 면에서 교육은 굉장히 중요한 투자입니다.

넷째, 제자 양육을 통해 사람에게 투자하십시오.

그러므로 너희는 가서 모든 민족을 제자로 삼아 아버지와 아들과 성령의 이름으로 세례를 베풀고 내가 너희에게 분부한 모든 것을 가르쳐 지키게 하라 볼지어다 내가 세상 끝날까지 너희와 항상 함께 있으리라 하시니라 마 28:19-20

다섯째, 책을 소개함으로써 사람에게 투자하십시오.

> 모든 성경은 하나님의 감동으로 된 것으로 교훈과 책
> 망과 바르게 함과 의로 교육하기에 유익하니 이는 하
> 나님의 사람으로 온전하게 하며 모든 선한 일을 행할
> 능력을 갖추게 하려 함이라 딤후 3:16-17

책 중의 책은 성경입니다. 예수님을 믿고 처음 성경
책을 받았을 때의 그 기쁨과 감격을 잊을 수가 없습니
다. 질 낮은 빨간 가죽으로 싸인 성경책을 받고는 얼마
나 행복했는지 모릅니다. 예수님을 안 믿는 사람들에
게 말씀이 전해지도록 성경책을 사서 나눠 주십시오.
우리가 읽는 것이 우리 생각을 만들고, 생각이 우리 영
혼을 물들입니다. 하나님의 말씀을 읽고 묵상하고 암
송하다 보면, 말씀으로 우리 영혼이 물들어 가는 이치
입니다.

그러나 오로지 성경만 읽는 것은 위험합니다. 성경
밖에 안 읽는다고 하는 사람들이 이단으로 빠지곤 합
니다. 자의적으로 해석하기 때문입니다. 성경을 읽는
다고 해서 그냥 깨달아지는 것은 아닙니다. 성경 말씀
을 깨닫도록 노움을 주는 책들을 같이 읽어아 하고, 성
경 교사나 목회자에게서 제대로 배워야 합니다. 성경

과 함께 좋은 책들을 읽어야 합니다.

그러니 사람들에게 좋은 책을 소개해 주십시오. 어떤 책은 인생의 위기나 전환기에 아주 결정적인 역할을 하기도 합니다. 저는 책을 소개하거나 추천하는 것을 무척 좋아합니다. 왜냐하면 사실 책이 저를 만들었다고 할 수 있기 때문입니다. 저는 미국에 와서 고든 맥도날드Gordon MacDonald가 쓴《내면세계의 질서와 영적 성장》을 읽고, 내면세계가 있다는 사실을 알았습니다. 리처드 포스터Richard Foster의《영적 훈련과 성장》과 오스왈드 샌더스Oswald Sanders의《영적 지도력》은 여러 번 읽었습니다. 허드슨 테일러Hudson Taylor의 전기, 미우라 아야코みうらあやこ의《길은 여기에》, E. M. 바운즈E.M. Bounds의《기도의 능력》, R. A. 토레이R.A. Torrey의《기도와 영력》등은 우리 영혼의 양식과도 같은 책들입니다.

여섯째, 사역의 기회를 열어 줌으로써 사람에게 투자하십시오.

바나바가 사울을 찾으러 다소에 가서 만나매 안디옥에 데리고 와서 둘이 교회에 일 년간 모여 있어 큰 무리를 가르쳤고 제자들이 안디옥에서 비로소 그리스도인이라 일컬음을 받게 되었더라 행 11:25-26

바나바는 사울을 제자들에게 데려갔을 뿐만 아니라 그와 함께 일했습니다. 사울에게 투자한 것입니다.

일곱째, 은사를 통해 봉사하게 함으로써 사람에게 투자하십시오.

> 그가 어떤 사람은 사도로, 어떤 사람은 선지자로, 어떤 사람은 복음 전하는 자로, 어떤 사람은 목사와 교사로 삼으셨으니 이는 성도를 온전하게 하여 봉사의 일을 하게 하며 그리스도의 몸을 세우려 하심이라 엡 4:11-12

은사란 자신이 잘하고, 사람들의 반응이 좋은 것입니다. 잘 배우고, 지치지 않고 계속할 수 있는 것이 은사입니다. 은사에는 여러 가지가 있습니다. 전도하는 은사, 가르치는 은사, 권면하는 은사, 지도력의 은사, 방언의 은사, 통변의 은사, 병 고치는 은사 등 다양합니다. 각 사람의 은사를 발견하여 잘 활용할 수 있도록 도와야 합니다.

12

무엇을
남기시겠습니까

영혼은 나무뿌리와도 같습니다. 뿌리가 건강하면 나무가 건강하지만, 뿌리가 병들면 겉으로 멀쩡해 보여도 나무는 서서히 죽어 갈 것입니다.

예수님은 "네 이웃을 네 자신 같이 사랑하라"마 22:39고 분명히 말씀하셨습니다. 이 말씀은 자기 자신을 돌볼 줄 아는 사람이 다른 사람도 잘 돌볼 수 있다는 뜻이기도 합니다. 나아가 "남에게 대접을 받고자 하는 대로 너희도 남을 대접하라"눅 6:31고 하신 황금률을 자기 영혼에도 적용해야 합니다. 먼저 자기 영혼을 돌볼 줄 알아야 다른 사람의 영혼도 돌볼 수 있는 것입니다.

다윗은 시편에서 "내 영혼아 네가 어찌하여 낙심하며 어찌하여 내 속에서 불안해하는가"시 42:5라고 노래했습니다. 그는 자기 영혼의 상태를 알았기에 "너는 하나님께 소망을 두라"시 42:5고 스스로 처방할 수 있었습니다. 이처럼 자기 영혼의 상태를 알아야만 답을 제대로 찾을 수 있습니다.

평소에 영혼을 잘 관리하려면 어떻게 해야 할까요? 다섯 가지 방법이 있습니다. 첫째, 영혼의 건강은 육신의 건강과 그 원리가 똑같습니다. 좋은 음식을 잘 먹어야 육신이 건강하듯이 영혼이 건강하기 위해서는 하나님의 말씀을 먹어야 합니다. 주님이 분명히 말씀하셨습니다.

> 사람이 떡으로만 살 것이 아니요 하나님의 입으로부터 나오는 모든 말씀으로 살 것이라 마 4:4

둘째, 호흡이 중요합니다. 어떻게 호흡하느냐에 따라 느낌과 감정이 달라집니다. 호흡만 잘 조절해도 육신의 건강이 굉장히 좋아집니다. 영혼도 마찬가지입니다. 영혼의 호흡은 무엇입니까? 기도입니다. 하나님을 향한 예배와 찬양도 호흡에 해당한다고 해도 과언이 아닙니다. 그러니 기도하지 않고 영혼이 건강할 수 있을까요? 하나님 말씀을 읽지 않고, 영혼이 건강할 수 있을까요? 불가능합니다. 우리는 하나님의 말씀을 먹고, 영원히 생수를 마실 뿐만 아니라 기도로 호흡을 잘

해야만 합니다.

셋째, 안식을 잘해야 합니다. 잠을 잘 자야 몸이 건강한 것처럼 예수 그리스도 안에서 안식을 잘 누려야 영혼이 건강합니다. 우리는 주일을 안식일로 지킵니다. 하나님을 향한 예배는 영혼의 안식입니다. 영혼이 건강하려면, 삶의 짐을 내려놓고 하나님을 바라봐야 합니다.

넷째가 중요한데, 바로 교제입니다. 인간은 관계 안에서 건강하게 살아가도록 만들어졌습니다. 삼위일체하나님이 성부와 성자와 성령의 친밀한 교제 속에서 사시기 때문입니다. 하나님의 형상을 따라 지어진 인간역시 하나님과의 관계뿐 아니라 인간 서로 간의 관계속에서 행복을 누리게끔 되어 있습니다. 따라서 하나님과 친밀한 관계를 누려야 건강하고, 성도들 간에 친밀한 교제를 나누어야 건강합니다. 교회는 설교만 듣는 곳이 아닙니다. 성도들이 코이노니아koinonia를 경험하는 곳이기도 합니다.

다섯째, 영혼을 잘 관리하려면 운동을 해야 합니다. 운동은 하지 않고 좋은 것만 먹는다고 몸이 건강해지지 않듯이, 영혼에도 운동이 필요합니다. 영혼의 운동은 봉사활동입니다. 사도 바울은 하나님이 어떤 사람에게 은사를 주신 것은 "성도를 온전하게 하여 봉사의 일을 하게 하며 그리스도의 몸을 세우려 하심"엡 4:12이라고 말했습니다. "봉사의 일" 가운데 가장 중요한 것은 전도 곧 선교입니다.

영혼은 눈에 보이지 않습니다. 그런데도 영혼이 중요한 이유는 영혼 안에서 태도가 결정되기 때문입니다. 바울은 "너희 안에 이 마음을 품으라 곧 그리스도 예수의 마음이니"빌 2:5라고 말했습니다. 이 구절을 영어 성경으로 보면, "Your attitude should be the same as that of Christ Jesus"NIV입니다. 즉 그리스도 예수의 "태도"attitude를 품으라는 뜻입니다. 어떤 사건이 벌어질 때, 그것을 해석하고 그것에 반응하는 것은 겉으로 보이지 않는 영혼에서 이루어집니다.

영혼과 내면세계가 병들면, 우리 꿈과 비전과 욕망에 문제가 생깁니다. 그러므로 영혼을 돌보는 것은 곧 사람을 돌보는 것입니다. 자기 영혼을 스스로 관리할 줄 알아야만 다른 사람의 영혼 관리도 도울 수 있습니다.

모세는 여호수아와 갈렙을 남겼고, 엘리야는 엘리사를 남겼습니다. 예수님은 제자들을 남기셨고, 바울은 디모데, 디도, 누가, 마가, 브리스굴라와 아굴라 등 동역자들을 남겼습니다. 복음 전파를 재생산할 수 있는 세자를 남기는 것은 가장 탁월한 지혜입니다.

내 아들아 그러므로 너는 그리스도 예수 안에 있는 은혜 가운데서 강하고 또 네가 많은 증인 앞에서 내게 들은 바를 충성된 사람들에게 부탁하라 그들이 또 다른 사람들을 가르칠 수 있으리라 딤후 2:1-2

영혼을 위해 투자하는 사람은 영원히 빛을 발하게 됩니다.

지혜 있는 자는 궁창의 빛과 같이 빛날 것이요 많은 사람을 옳은 데로 돌아오게 한 자는 별과 같이 영원토록 빛나리라 단 12:3

육신이 중요하기는 하지만, 육신의 생명에 너무 집착하지 않도록 조심해야 합니다. 우리 육신도 우상이 될 수 있습니다. 사도 바울은 자기 몸을 쳐 복종하게 했습니다 고전 9:27. 육신을 우상으로 만들지 마십시오. 우리에게 정말 중요한 것은 영혼입니다. 육신은 언젠가 흙으로 돌아갈 테지만, 우리 영혼은 하나님의 품에 안길 것입니다. 또한 우리가 소유한 지식과 성품을 영원히 가져갈 것입니다. 그러므로 영혼 구원은 제일 중요한 일입니다. 마지막 순간까지 한 영혼이라도 더 구하고 전도해야 하는 이유입니다.

예수님은 딱 세 가지를 남기셨습니다. 제자를 남기셨고, 제자를 통해 기록된 말씀을 남기셨고, 마지막으로 교회를 남기셨습니다. 제 마음의 소원이 있다면, 하나님께로 돌아가기 전 생애 마지막에 제 기억 속에 사람들을 남겨 가는 것입니다. 또 한 가지 책을 남기는 것입니다. 그리고 건강한 교회를 남기는 것입니다. 이것이 저의 소원입니다.

그리스도의 몸 된 교회에서 놀라운 일들이 벌어집니다. 저는 정말로 교회를 좋아하고 사랑합니다. 그래서 하나님이 제게 교회를 맡기신 것 같습니다. 저는 교회에 오는 게 너무 좋습니다. 또 교회 성도들을 섬기는 일이 너무나 즐겁습니다. 성도들이 많이 모여 교회가 커질 때마다 기쁩니다. 무조건 교회가 커져서 좋다는 뜻이 아닙니다. 더 많은 사람을 얻고 싶을 뿐입니다. 저는 어떻게든 더 많은 영혼을 구원받게 하고 싶습니다. 어떻게든 그리스도의 몸 된 교회가 성장하면 좋겠습니다. 그런 면에서 사람에게 투자하는 것이 얼마나 중요한지를 잊지 마십시오.

가족을 위한
위대한 투자

13

하나님은 멀리 내다보고 투자하십니다

하나님은 크게 두 가지 제도를 세우셨습니다. 하나는 가정이고, 다른 하나는 교회입니다. 어떤 면에서 보면, 가정이나 교회나 모두 '가족'입니다. 육신의 가족이 있고, 영혼의 가족이 있습니다. 부모의 피를 이어받은 가족이 있고, 예수 그리스도의 피로 이루어진 가족이 있는 것입니다.

투자에는 장기 투자와 단기 투자가 있는데, 하나님은 언제나 멀리 내다보고 투자하십니다. 이것은 우리가 꼭 기억해야 할 원리입니다. 하나님은 언제나 하나님의 경륜과 섭리 안에서 투자하신다는 사실을 기억하십시오.

잠언 3장은 부모가 자녀에게 지혜를 가르치는 형식의 말씀으로 가족을 위한 위대한 투자에 관한 지혜를 제공해 줍니다. 투자의 원리와 지혜를 가르쳐 주는데, 한마디로 지혜롭게 투자하라는 것입니다. 지혜는 분별력입니다. 장기 투자를 할 것인지, 단기 투자를 할 것인지 분별하는 것이 지혜입니다. 어리석은 사람은 어리석게 투자할 수밖에 없습니다.

> 내 아들아 나의 법을 잊어버리지 말고 네 마음으로 나의 명령을 지키라 그리하면 그것이 네가 장수하여 많은 해를 누리게 하며 평강을 더하게 하리라 잠 3:1-2

이것은 제가 정말 좋아하는 구절입니다. 제 생애 가운데 큰 변화를 가져다준 말씀 중의 하나입니다. 아버지 또는 어머니가 아들에게 절대 잊어서는 안 될 "법"과 "명령"을 가르치고 있습니다. 하나님의 말씀을 잊지 않고 지키면, "장수하여 많은 해를" 누릴 것이며 "평강을 더하게" 될 것입니다. 한번 반짝하고 마는 축복이 아닙니다. 여기서 "많은 해"는 '날이 갈수록, 해가 갈수록'으로도 번역할 수 있습니다. 어떻게 날이 갈수록 잘될 수 있을까요? 어떻게 해가 갈수록 평강이 더해집니까? '가정'이라는 집을 잘 세우고 견고히 하기 위해서는 지혜가 필요합니다.

집은 지혜로 말미암아 건축되고 명철로 말미암아 견고
하게 되며 잠 24:3

하나님은 우리에게 맡기신 자녀들을 "여호와의 기
업"으로 부르십니다.

보라 자식들은 여호와의 기업이요 태의 열매는 그의
상급이로다 시 127:3

"기업"은 잘하면 우리에게 굉장히 큰 유익을 주는 것
입니다. 기업은 잘 키우면, 우리에게 유익을 줄 뿐만 아
니라 상을 얻게 됩니다. 그런데 기업을 잘 키우려면, 먼
저 투자를 해야 합니다. 투자한 만큼 혜택을 받아 누릴
수 있기 때문입니다.

부부는
함께 성장해야 합니다

가정에서는 아내도 기업이고, 남편도 기업입니다. '살림'은 주로 아내들이 하는데, 요즘은 부부가 함께 살림하는 것으로 인식이 바뀌고 있습니다. 살림이란 '한집안을 이루어 살아가는 일'로 무엇을 '키운다'는 의미가 있습니다. 아내는 자녀뿐 아니라 남편도 키웁니다. 키운다는 것은 '투자'한다는 뜻입니다. 남편 역시 자녀뿐 아니라 아내까지 키워야 합니다. 예수님이 신부 된 우리를 말씀으로 깨끗이 씻어 아름답게 만들어 주시는 것처럼 남편도 아내를 아름답게 만들어 주어야 합니다. 아내가 성장할 수 있도록 배려하고, 시간을 내어 주며 투자해야 한다는 뜻입니다. 중요한 것은 장기적인 안목으로 투자하는 것입니다.

제가 미국에 와서 얼마 안 되었을 때의 일입니다. 공

부하는 것도 힘들고 사역하는 것도 힘든 시기였는데, 어느 날 아내가 다니던 은행을 그만두어야겠다고 말했습니다. 큰아이가 세 살에서 네 살로 넘어가면서 영어를 배우기 시작하니 엄마가 영어 공부를 좀 더 해야겠다는 것이었습니다. 그래서 영어로 대화하는 직장에 들어가겠다고 했습니다. 그렇게 되면 사실, 제가 불편할 수밖에 없었습니다. 제 공부도 힘든데, 아내가 일주일에 이틀씩 야간 학원에 다니는 동안 저 혼자 아이를 봐야 했기 때문입니다. 하지만 아내가 공부할 수 있도록 기꺼이 도왔습니다. 그 덕분에 아내가 시청 공무원이 될 수 있었고, 그 덕분에 나중에 제가 로고스 교회를 개척할 수 있었습니다.

남편만 성장해서는 안 됩니다. 아내가 함께 성장할 수 있도록 배려해야 합니다. 목회하면서 저는 많은 사람을 알게 되었고, 책도 몇 권 쓰게 되었는데, 아내는 그럴 기회가 없었습니다. 이대로는 안 되겠다는 생각이 들어서 아내에게 큐티를 가르쳐 주었습니다. 영혼의 일기를 쓰는 법을 가르쳐 주고, 책을 꾸준히 읽도록 도와주었습니다. 지금은 아내와 여러 사역을 함께하고 있습니다. 만약에 그때 아내에게 성장할 기회를 주지 않았다면, 지금처럼 서로 노우며 함께 사역할 수 없었을 것입니다. 함께 성장할 기회를 마련하여 가족 공동체가 중요한 목표를 향해 나가는 게 필요합니다. 이것이 바로 투자입니다. 투자는 낭비가 아닙니다.

결혼 생활과 자녀 양육은 장기적인 안목으로 투자해야 합니다. 속단은 금물입니다. 극단적인 표현도 금물입니다. 조금 지켜볼 필요가 있습니다. 성공할 때든 실패할 때든 조용히 지켜봐야 합니다. 특별히 자녀를 키울 때, 부모가 조급해져서는 안 됩니다. 자녀는 실수도 할 수 있고, 실패도 할 수 있습니다. 자기가 하고 싶은 일을 찾느라 그럴 수 있습니다. 필요에 따라 학교를 1~2년 쉴 수도 있습니다. 요즘 그런 아이들이 굉장히 많습니다. 느긋하게 지켜보십시오. 1년 빨리 졸업한다고 대단한 일이 일어나지 않듯이 1~2년 늦는다고 문제 될 것도 없습니다. 괜찮습니다. 그러니 조금 지켜보십시오.

부부는 하나님 앞에서 맺은 결혼 서약을 소중히 여기고, 권태와 실망을 이겨 내야 합니다. 조금만 기다려 보십시오. 인생 전체의 큰 그림을 보십시오. 중년의 위기가 있을 수 있습니다. 그러나 하나님 앞에서 한 서약을 소중히 여기고, 그 약속을 지키려고 노력하다 보면 어느 날 밀물처럼 들이닥쳤던 권태가 썰물처럼 물러갈 것입니다. 그리고 갑자기 사랑이 물밀듯이 밀려올 것입니다. 복된 가정을 이루려면, 지혜가 필요합니다. 서로를 위해서 기도해 주는 게 얼마나 중요한지 모릅니다.

이삭이 아내를 위해 기도했다는 기록이 성경에 딱 한 번 나옵니다. 그런데 그의 기도는 엄청난 기도였습니다.

> 이삭이 그의 아내가 임신하지 못하므로 그를 위하여 여호와께 간구하매 여호와께서 그의 간구를 들으셨으므로 그의 아내 리브가가 임신하였더니 창 25:21

이삭의 기도로 낳은 아들이 야곱과 에서입니다. 야곱을 통해서 요셉과 유다가 태어났고, 그 후손으로 예수님이 오셨습니다.

흔히 아내가 남편을 위해서 기도하는데, 남편도 아내를 위해서 기도해야 합니다. 아내가 성장하고 성숙하여 영혼이 잘되도록 시간을 투자해 도와야 합니다. 아내가 성경 공부를 하고, 여성 사역에 참여하여 영적으로 더욱 성숙해지면, 얼마나 좋은지 모릅니다. 그만큼 지혜가 깊어지고, 하나님과의 관계가 깊어지기 때문입니다. 어리석은 아내는 하나님만이 줄 수 있는 것을 자꾸 남편에게 요구합니다. 그러나 지혜로운 아내는 남편에게 무리한 요구를 하지 않습니다. 하나님만이 주실 수 있는 것은 하나님께 구합니다. 아내의 영혼이 잘

되면, 먼저 아내가 행복하고, 자녀를 잘 키우고, 가정을 잘 돌보고 범사에 잘되니 굉장한 이득이 아닐 수 없습니다. 그러므로 아내가 성경 공부반이나 사역 프로그램에 참석하도록 시간을 배려하고 돕는 것은 투자이지 낭비가 아닙니다. 또한 아내도 남편의 영혼이 잘되고 성장하도록 시간을 투자하고 돕는 것이 필요합니다.

15
자녀에게
지혜를 가르치십시오

가족이 복되려면, 지식과 지혜와 명철이 필요합니다. 그것들을 얻기 위해 투자해야 합니다. 그중에 가장 소중한 투자는 바로 교육입니다. 교육에 대한 투자는 가능한 한 일찍 시작하는 것이 좋습니다. 어릴 적에 잘 가르쳐 놓으면, 자녀가 평생 바른길을 걸을 수 있기 때문입니다.

마땅히 행할 길을 아이에게 가르치라 그리하면 늙어도 그것을 떠나지 아니하리라 잠 22:6

교육에 투자할 때, 부모는 자녀에게 어떤 지혜를 가르쳐야 할까요? 첫 번째로 "하나님을 경외하는 지혜"를 가르쳐야 합니다.

> 스스로 지혜롭게 여기지 말지어다 여호와를 경외하며
> 악을 떠날지어다 잠 3:7

이것은 대단히 중요한 원리입니다. 스스로 지혜롭게 여기지 말아야 합니다. 우리는 온전하지 않습니다. 그래서 하나님의 지혜가 필요합니다. 잠언 3장은 하나님의 지혜가 우리에게 얼마나 유익한가를 가르쳐 줍니다.

> 지혜를 얻은 자와 명철을 얻은 자는 복이 있나니 이는
> 지혜를 얻는 것이 은을 얻는 것보다 낫고 그 이익이 정
> 금보다 나음이니라 지혜는 진주보다 귀하니 네가 사
> 모하는 모든 것으로도 이에 비교할 수 없도다 잠 3:13-15

지혜는 정말 좋은 것입니다. 그런데 지혜 중의 지혜는 하나님을 경외하는 지혜입니다. 하나님을 경외하는 것이 지혜와 지식의 근본이기 때문입니다.

> 여호와를 경외하는 것이 지식의 근본이거늘 미련한 자
> 는 지혜와 훈계를 멸시하느니라 잠 1:7

> 여호와를 경외하는 것이 지혜의 근본이요 거룩하신 자

하나님을 경외한다는 것은 하나님을 존귀히 여긴다는 것입니다. 즉 하나님을 존중하고 공경한다는 뜻입니다. 하나님을 최우선순위에 두는 것입니다. 하나님을 경외하는 것이 왜 그렇게 중요할까요? 하나님을 존귀히 여긴다는 것은 하나님을 사랑하지만 함부로 대하지는 않는다는 뜻입니다. 이것은 대단한 예술입니다. 사랑하지만 함부로 대하지 않는 것은 관계의 예술입니다. 흔히 사람들은 가까워지면 서로 말을 놓게 되고, 그러면서 함부로 대하기 시작합니다. 급기야 스스럼없이 서로 경멸하기도 합니다. 이처럼 존중의 언어가 사라지면, 경멸이 시작되곤 합니다. 마음은 언어로 표현되고, 언어는 마음을 표현합니다.

하나님을 존귀히 여기는 사람은 다른 사람들도 존귀히 여깁니다. 어른들을 공경할 줄 알고, 직장에서나 학교에서나 모든 사람을 존귀히 여길 줄 안다는 것은 굉장한 축복입니다. 또한 하나님을 경외하는 사람은 하나님의 말씀도 경외합니다. 또 하나님의 말씀을 대언하는 목회자들을 귀히 여깁니다.

하나님은 당신을 경외하는 사람들을 위해 놀라운 복을 예비해 두셨습니다.

겸손과 여호와를 경외함의 보상은 재물과 영광과 생명이니라 잠 22:4

하나님은 모든 복을 여기에 담아 주셨습니다. "재물과 영광과 생명"은 모든 복을 가리킵니다. 사람들은 재물의 복을 원하지만, 재물보다 더 중요한 것이 무엇일까요? 영광입니다. 즉 사람들로부터 존경을 받는 것은 큰 복입니다. 그런데 영광보다 더 중요한 것이 있습니다. 바로 생명입니다. 이처럼 "겸손과 여호와를 경외함"의 보상에 모든 복이 담겨 있습니다.

그러므로 부모는 자녀에게 하나님을 경외하는 지혜를 가르쳐야 합니다. 하나님의 말씀을 마음에 새기고, 그 말씀을 따라 사는 모범을 통해 하나님을 경외하는 법을 가르치십시오. 예배에 모범을 보이십시오. 말씀을 청종하고 순종하는 일에 모범을 보이십시오. 영상으로 예배를 드릴 때도 단정한 자세로 드리십시오.

또 교회 목회자들을 귀히 여기고, 함부로 폄훼하거나 욕하지 마십시오. 자녀의 앞에서 목회자를 욕하는 것은 자녀의 영혼에 재를 뿌리는 것과도 같습니다. 그러면 자녀가 교회를 멀리하게 됩니다. 몇몇 의사가 문제가 있다고 해서 병원에 가지 않아서야 되겠습니까? 교회는 영혼의 양식을 먹이는 곳이고, 상처 입은 영혼에게는 치유의 약을 먹이는 곳입니다. 그런데 몇몇 문제가 있다고 교회를 안 다닌다면, 그 영혼은 황폐해지고 말 것입니다.

아브라함은 아들 이삭에게 하나님을 경외하는 일에 모범을 보였습니다. 그는 모리아 산에서 하나님의 말씀에 순종하여 이삭을 번제 제물로 올리려고까지 했습니다. 하나님이 결정적인 순간에 아브라함을 멈추게 하시고, 그가 하나님을 경외하고, 하나님의 말씀에 순종한 것을 칭찬해 주십니다.

> 사자가 이르시되 그 아이에게 네 손을 대지 말라 그에게 아무 일도 하지 말라 네가 네 아들 네 독자까지도 내게 아끼지 아니하였으니 내가 이제야 네가 하나님을 경외하는 줄을 아노라 창 22:12

경외함은 '드림'에 있고, 드림은 순종에 있습니다. 하나님은 당신을 경외한 아브라함에게 복을 주십니다.

> 또 네 씨로 말미암아 천하 만민이 복을 받으리니 이는 네가 나의 말을 준행하였음이니라 하셨다 하니라
> 창 22:18

"네 씨"란 누구입니까? 당장은 이삭을 뜻하지만, 훗날 오실 예수 그리스도를 뜻하기도 합니다. "준행"이란 순종obey을 뜻합니다. 당시 번제단에 누워 있던 이삭은 하나님의 음성을 듣고, 하나님을 경외하는 것이 얼마나 중요하며 하나님의 말씀에 순종하는 것이 또 얼마나 중요한지를 깨달았습니다.

부모는 자녀에게 하나님을 경외하는 것과 하나님을 범사에 인정하는 것을 가르쳐야 합니다. 하나님을 신뢰하는 모습을 통해 하나님을 경외하는 법을 가르칠 수 있습니다.

> 너는 마음을 다하여 여호와를 신뢰하고 네 명철을 의지하지 말라 너는 범사에 그를 인정하라 그리하면 네 길을 지도하시리라 잠 3:5-6

범사에 하나님을 인정하는 법을 가르치면, 하나님이 자녀의 길을 지도해 주실 것입니다.

자녀에게 가르쳐야 할 두 번째 지혜는 "하나님과 사람에게 은총을 입는 지혜"입니다.

> 인자와 진리가 네게서 떠나지 말게 하고 그것을 네 목에 매며 네 마음판에 새기라 그리하면 네가 하나님과

사람 앞에서 은총과 귀중히 여김을 받으리라 잠 3:3-4

모든 일에는 균형이 필요합니다. 어떤 사람은 하나
님께만 인정받으면 된다고 말하고, 또 어떤 사람은 사
람에게만 인정받으려고 합니다. 그러나 하나님과 사람
앞에서 "은총과 귀중히 여김"을 받는 것이 모두 필요합
니다. 그래야만 풍성한 삶을 살 수 있습니다.

예수는 지혜와 키가 자라가며 하나님과 사람에게 더욱
사랑스러워 가시더라 눅 2:52

하나님과 사람 앞에서 은총을 입는 것은 축복입니다.
사랑을 받는다는 뜻이기 때문입니다.
어떻게 하면 "하나님과 사람에게 더욱 사랑스러워"
갈 수 있을까요?
첫째, 성품이 인자해야 합니다.

인자와 진리가 네게서 떠나지 말게 하고 그것을 네 목
에 매며 네 마음판에 새기라 잠 3:3

"인자"는 히브리어로 헤세드 hesed 입니다. 헤세드는 하
나님의 성품을 나타내는 말로 '인애, 친절, 자비, 연민,

긍휼히 여기는 사랑' 등을 뜻합니다.

> 왕은 인자와 진리로 스스로 보호하고 그의 왕위도 인
> 자함으로 말미암아 견고하니라 잠 20:28

　인자는 따듯한 사랑입니다. 친절한 사랑, 관용하는 사랑, 위로하는 사랑, 허물을 덮어 주는 사랑입니다. 인자를 통해 덕을 쌓습니다. 헤세드는 신구약 전체에서 나타나는 아주 중요한 하나님의 사랑일 뿐 아니라 우리가 영원토록 누릴 축복입니다. 인자는 아주 좋은 성품입니다. 성품은 우리 삶 전체에 영향을 끼치므로, 좋은 성품을 계속해서 가꾸는 것이 필요합니다.
　둘째, 진실한 성품이 있어야 합니다.
　인자와 함께 "진리"라는 성품도 중요합니다. "진리"는 히브리어로 에메트emet입니다. '진실과 정직'을 뜻하며, '안정성'이란 뜻도 있습니다. 사람이 진실하고 정직하면, 안정감이 있기 마련입니다. 그래서 사람들에게 신뢰를 얻습니다. 진리는 잘못된 것을 바로잡아준다는 의미에서 '진실'입니다. 진실한 성품은 곧 정직한 성품이고, 진실한 사랑은 정직한 사랑이며 정결한 사랑입니다. 필요할 때 책망하고 경계하고 경고해 주는 사랑입니다. 잘못된 길로 빠져들지 않도록 경각심을 일깨

우는 사랑입니다. 그러므로 자녀가 진실한 성품을 갖도록 가르치십시오.

> 면책은 숨은 사랑보다 나으니라 친구의 아픈 책망은
> 충직으로 말미암는 것이나 원수의 잦은 입맞춤은 거짓
> 에서 난 것이니라 잠 27:5-6

셋째, 인자와 진리가 균형을 이루어야 합니다. 인자만 있어도 안 되고, 진리만 있어도 안 됩니다. 어떤 사람은 사랑이 너무 많아서 무조건 잘한다고 칭찬하는데, 진실성이 없어서 신뢰를 얻지 못합니다. 또 어떤 사람은 사랑으로 덮어 주는 일 없이 사사건건 지적하고 따집니다. 잔소리 끝에 "나니까 그나마 얘기해 주는 거야"라고 덧붙이지만, 누구든 그런 말을 들으면 싫습니다. 만나면 계속 충고만 하는 사람도 있습니다. 이야기를 듣다 보면 나중에는 지겨워집니다. 아무리 부족하고, 실수를 많이 하는 사람도 잘하는 것이 있을 텐데, 그런 면은 한마디 언급도 하지 않고 만날 때마다 충고만 한다면, 그런 사람은 다시 만나고 싶지 않을 것입니다.

칭찬과 책망의 균형이 필요합니다. 5:5가 아닌 9:1 정도가 좋습니다. 하나님이 그렇게 하십니다. 하나님의

메시지는 90%가 위로입니다. 책망하실 때도 있지만, 대체로 온유하게 책망하십니다.

사도 바울이 그런 균형을 이룬 사람입니다.

> 우리는 그리스도의 사도로서 마땅히 권위를 주장할 수 있으나 도리어 너희 가운데서 유순한 자가 되어 유모가 자기 자녀를 기름과 같이 하였으니 살전 2:7

> 너희도 아는 바와 같이 우리가 너희 각 사람에게 아버지가 자기 자녀에게 하듯 권면하고 위로하고 경계하노니 살전 2:11

인자와 진리가 겸비될 때, 하나님과 사람 앞에서 은총을 입고, 귀중히 여김을 받게 됩니다. 균형을 이루는 것이 중요합니다. 인자한 성품을 통해 사랑을 받고, 진실한 성품을 통해 신뢰를 얻는 법입니다.

16

자녀에게 투기가 아닌
투자를 가르치십시오

자녀에게 가르쳐야 할 마지막 세 번째 지혜는 "재물을 잘 관리하는 지혜"입니다. 하나님은 우리가 재물을 잘 관리하기를 원하십니다. 돈을 사랑하는 것은 잘못이지만, 돈을 모르는 것은 어리석은 것입니다. 주님이 들려주신 비유의 3분의 2가 돈과 관련이 있습니다. 돈을 모르면 돈의 노예가 됩니다. "쟤는 아직 돈을 몰라요"라고 한다면, 그건 어린아이라는 뜻입니다. 돈으로 사람의 생명을 살릴 수 있고, 사람을 키울 수도 있다는 사실을 잊지 말아야 합니다. 하나님은 이스라엘 민족을 히브리 노예에서 위대한 민족으로 키워 주셨을 뿐만 아니라 모든 민족 가운데 경제적으로도 뛰어난 민족으로 만들어 주셨습니다. 그 원리를 배워야 합니다.

> 네 재물과 네 소산물의 처음 익은 열매로 여호와를 공
> 경하라 그리하면 네 창고가 가득히 차고 네 포도즙 틀
> 에 새 포도즙이 넘치리라 잠 3:9-10

"처음 익은 열매로 여호와를 공경"하면, 하나님이 복을 주겠다고 말씀하십니다.

어떻게 하면 자녀가 물질적으로도 풍요로운 삶을 살 수 있도록 가르칠 수 있을까요? 첫째, 결핍 의식 대신에 풍부 의식을 갖도록 가르치십시오.

> 나의 하나님이 그리스도 예수 안에서 영광 가운데 그
> 풍성한 대로 너희 모든 쓸 것을 채우시리라 빌 4:19

하나님은 우리 욕심을 채워 주시진 않지만, 우리의 모든 필요를 채워 주시는 분입니다.

둘째, 재물을 얻는 능력을 하나님께 구하도록 가르치십시오.

> 네 하나님 여호와를 기억하라 그가 네게 재물 얻을 능
> 력을 주셨음이라 이같이 하심은 네 조상들에게 맹세하
> 신 언약을 오늘과 같이 이루려 하심이니라 신 8:18

재물을 얻는 능력 또한 하나님이 주십니다.

셋째, 말씀에 순종함으로써 복을 받는 원리를 가르치십시오.

> 네가 네 하나님 여호와의 말씀을 순종하면 이 모든 복이 네게 임하며 네게 미치리니 성읍에서도 복을 받고 들에서도 복을 받을 것이며 신 28:2-3, 개역한글

> 여호와께서 너를 위하여 하늘의 아름다운 보고를 여시사 네 땅에 때를 따라 비를 내리시고 네 손으로 하는 모든 일에 복을 주시리니 네가 많은 민족에게 꾸어줄지라도 너는 꾸지 아니할 것이요 신 28:12

하나님의 말씀에 순종하면 축복이 임합니다.

넷째, 십일조를 드림으로써 풍성한 복을 받게 됨을 가르치십시오.

> 만군의 여호와가 이르노라 너희의 온전한 십일조를 창고에 들여 나의 집에 양식이 있게 하고 그것으로 나를 시험하여 내가 하늘 문을 열고 너희에게 복을 쌓을 곳이 없도록 붓지 아니하나 보라 말 3:10

청교도들은 십일조를 '제2의 복음'이라고 불렀습니다. 그들은 왜 그렇게 여겼을까요? 그만큼 중요하기 때문입니다. 저희 부부가 지금까지 생활하면서 누린 가장 큰 축복은 십일조의 복입니다. 하나님이 하늘에 쌓아 두었다가 필요할 때마다 열어 주셨는데, 정말로 놀라운 기적을 많이 체험했습니다. 십일조는 하나님을 경외하는 표이며 하나님의 주권을 인정하는 표이자 하나님을 사랑하는 표이기 때문입니다. 물질이 있는 곳에 마음이 있는 법입니다.

서던캘리포니아대학교USC의 경제학과 교수가 제가 개척해서 섬겼던 로고스교회에 출석했습니다. 아주 좋은 집사님이었습니다. 한번은 그분에게 경제학 세미나를 부탁했습니다. 세미나 중에 이분이 놀라운 이야기를 들려주었습니다. 경제학 교수로서 연구해 본 결과, 십일조만큼 복리에 복리를 더해 주는 엄청난 복은 없더라는 것입니다. 시카고대학교에서 경제학 박사 학위를 받았고, USC에 들어갈 때는 700대 1의 경쟁을 뚫고 교수로 임용된 분이 한 말입니다.

그래서 그때부터 우리 아이들에게 십일조를 철저히 가르치기 시작했습니다. 처음 용돈을 주기 시작할 때부터 10분의 1은 하나님의 것이라고 가르쳤습니다. 지금까지 아이들은 십일조 생활을 꾸준히 하고 있습니다. 완벽하지는 않더라도 십일조를 중요하게 여기는 자세를 갖도록 가르치는 것이 중요합니다.

다섯째, 농작의 법칙을 지킴으로써 풍성한 복을 누린다는 사실을 가르쳐 주십시오.

> 스스로 속이지 말라 하나님은 업신여김을 받지 아니하시나니 사람이 무엇으로 심든지 그대로 거두리라 갈 6:7

> 이것이 곧 적게 심는 자는 적게 거두고 많이 심는 자는 많이 거둔다 하는 말이로다 고후 9:6

심은 대로 거두기 마련입니다. 지금까지 저는 그것을 숱하게 경험해 왔습니다. 사랑을 심으면 사랑을 얻고, 쌀을 심으면 쌀을 거둡니다. 제가 처음 미국에 와서 성도들을 심방할 때 쌀을 사 가지고 가곤 했습니다. 당시에는 전도사라 교회에서 목회 활동비를 받는 것도 아니었는데, 그냥 사비로 쌀을 사 갔습니다. 그런데 놀라운 일이 생겼습니다. 아내가 은행에 들어가기 전까지 2년 정도 생활이 몹시 어려웠는데, 쌀이 떨어지는 일은 없었습니다. 거의 산 적이 없을 정도로 누군가가 쌀을 가져다 주었습니다. 이처럼 물질을 심으면 물질을 거두게 되어 있습니다. 심은 대로 거두는 것입니다. 옛날에 책을 많이 나눠 주곤 했는데, 지금은 책을 쓰고 있지 않습니까?

> 눈물을 흘리며 씨를 뿌리는 자는 기쁨으로 거두리로다
> 울며 씨를 뿌리러 나가는 자는 반드시 기쁨으로 그 곡
> 식 단을 가지고 돌아오리로다 시 126:5-6

하나님을 경외하는 가정이 잘못될 리가 없습니다. 어떻게 잘못되겠습니까? 말라기를 읽어 보십시오말 3:7-12. 창세기 14장에 등장하는 멜기세덱은 예수님과 같은 분입니다. 그 멜기세덱에게 아브라함이 십일조를 드렸습니다.

자녀들이 영적으로 가난하게 살아도 상관없다면, 십일조를 안 해도 된다고 가르치십시오. 그러나 십일조를 드리면, 10의 9를 하나님이 책임져 주십니다.

여섯째, 근면함으로 풍성한 복을 누리게 가르치십시오.

> 손을 게으르게 놀리는 자는 가난하게 되고 손이 부지
> 런한 자는 부하게 되느니라 잠 10:4

> 부지런한 자의 손은 사람을 다스리게 되어도 게으른
> 자는 부림을 받느니라 잠 12:24

일곱째, 저축함으로써 풍성한 복을 누리게 가르치십시오. 요셉이 흉년에 대비해 저축하지 않았습니까?

바로께서는 또 이같이 행하사 나라 안에 감독관들을 두어 그 일곱 해 풍년에 애굽 땅의 오분의 일을 거두되 그들로 장차 올 풍년의 모든 곡물을 거두고 그 곡물을 바로의 손에 돌려 양식을 위하여 각 성읍에 쌓아 두게 하소서 이와 같이 그 곡물을 이 땅에 저장하여 애굽 땅에 임할 일곱 해 흉년에 대비하시면 땅이 이 흉년으로 말미암아 망하지 아니하리이다 창 41:34-36

여호와께서 명령하사 네 창고와 네 손으로 하는 모든 일에 복을 내리시고 네 하나님 여호와께서 네게 주시는 땅에서 네게 복을 주실 것이며 신 28:8

여덟째, 성경적 투자의 지혜를 가르치십시오. 투기가 아닌 투자를 하게 하십시오. 투기는 충동적이며 조급함의 결과입니다. 투자는 원리가 중심이 되며 성경적입니다. 장기적인 안목이 있어야 투자할 수 있습니다.

투자에 필요한 것들을 살펴보겠습니다. 하나, 정확한 정보와 지식이 필요합니다.

또 방들은 지식으로 말미암아 각종 귀하고 아름다운 보배로 채우게 되느니라 잠 24:4

둘, 장기적인 안목이 필요합니다.

너는 네 떡을 물 위에 던져라 여러 날 후에 도로 찾으리라 전 11:1

너는 아침에 씨를 뿌리고 저녁에도 손을 놓지 말라 이것이 잘 될는지, 저것이 잘 될는지, 혹 둘이 다 잘 될는지 알지 못함이니라 전 11:6

자신의 영적 성장을 위해 투자하십시오. 좋은 성품을 형성하는 데 투자하고, 지식을 얻는 데 투자하십시오. 그리고 좋은 관계를 맺는 데 투자하십시오. 사람을 얻는 것이 가장 소중한 투자입니다.

셋, 확실한 곳에 투자하여 위험을 피하십시오. '투자의 귀재'로 불리는 워런 버핏Warren Buffett은 투자의 제 1원칙으로 "절대로 돈을 잃지 말라"고 하였습니다. 그리고 제2원칙으로 "돈을 잃어서는 안 된다는 제1원칙을 절대로 잊지 말라"고 말했습니다.

넷, 분산하여 투자하되 너무 분산하지는 마십시오.

일곱에게나 여덟에게 나눠 줄지어다 무슨 재앙이 땅에
임할는지 네가 알지 못함이니라 전 11:2

다섯, 하나님의 일에 해惡가 되지 않는 투자를 해야
합니다.

네가 만일 너와 함께한 내 백성 중에서 가난한 자에게
돈을 꾸어 주면 너는 그에게 채권자같이 하지 말며 이
자를 받지 말 것이며 출 22:25

여섯, 투자를 결정하기 전에 꼭 자문을 구하십시오.

의논이 없으면 경영이 무너지고 지략이 많으면 경영이
성립하느니라 잠 15:22

일곱, 가장 좋은 투자 중의 하나는 빚을 갚는 것입
니다.
여덟, 하나님 나라를 위해 투자하는 것이야말로 최상
의 투자입니다.

오직 너희를 위하여 보물을 하늘에 쌓아 두라 거기는
좀이나 동록이 해하지 못하며 도둑이 구멍을 뚫지도

못하고 도둑질도 못하느니라 네 보물 있는 그곳에는
네 마음도 있느니라 마 6:20-21

이 여덟 가지는 제가 평생 배운 정말 좋은 투자 원리입니다. 그동안 투자에 관해 공부를 많이 했습니다. '월스트리트의 살아 있는 전설', '영적인 투자가'로 불리는 존 템플턴John Templeton의 책을 거의 섭렵할 정도로 열심히 공부했습니다. 그는 투자 범위를 세계적으로 확대한 글로벌 펀드라는 새로운 분야를 개척한 인물로 종교계의 노벨상으로 불리는 템플턴상을 제정한 크리스천입니다.

축복과 존중의 언어를 통해 가정을 세우는 일에 투자하십시오. 가정이 잘되어야 가정에 천국이 임합니다. 그런데 중요한 것은 균형입니다. 하나님과의 관계와 사람과의 관계에 균형이 필요하고, 또 물질의 균형도 필요합니다. 그래야만 우리 자신이 축복의 통로가 될 수 있습니다.

지금은 조금 부족해도 괜찮습니다. 늦지 않았습니다. 하나님은 멀리 내다보고 투자하시는 분입니다. 조급해하지 말고, 하나하나 이루어 가시길 바랍니다.

chapter	**5**

천국을 위한
위대한 투자

17
천국에 관한
숱한 오해가 있습니다

투자는 항상 미래 지향적입니다. 이것을 잘 이해하는 것이 필요합니다. 투자는 현재를 위한 것이 아닙니다. 당장 거두는 것이 아니기 때문입니다. 그래서 조급한 사람은 투자하기 어렵습니다. 투자는 미래를 위한 것이고, 투자한 것을 거두려면 시간이 걸립니다. 예수님은 "나는 참포도나무요 내 아버지는 농부"요 15:1라고 말씀하셨습니다. 이처럼 천국의 투자 개념은 씨를 뿌리고, 거두는 농작의 법칙에 해당합니다.

예를 들어서, 사람을 키우는 것은 굉장히 중요한 투자인데, 오랜 시간이 걸립니다. 멘토링이나 성경 공부나 선교지에 교회와 학교와 병원을 세우는 것 역시 굉장히 중요한 투자입니다. 또는 좋은 시스템을 구축하는 것도 중요한 투자입니다. 자기계발과 성장에 투자하는 것도 미래 지향적입니다. 저는 처음 미국에 와서 한 달에 100달러어치의 책을 사서 읽었습니다. 그때 교회에서 받은 월급이 200달러였고, 조금 나아졌을 때가 500달러였습니다. 그런데 매달 100달러어치의 책을 사서 읽는다는 것은 굉장히 힘든 일이었습니다. 그런데 시간이 지나니 그때 투자한 덕분에 지금 엄청난 결실을 보고 있습니다. 책을 통해 많은 것을 배우고 깨달을 수 있었습니다. 이 모든 것이 투자입니다. 투자의 시간은 우리 생애에 큰 도움이 됩니다.

성경에서 말하는 지혜는 모두 미래를 위한 준비에 관한 것입니다. 우리가 이 땅에 사는 이유는 하나님의 뜻을 이루기 위함입니다. 즉 우리를 이 땅에 보내신 사명을 이루기 위함입니다. 우리는 이 땅을 떠난 후의 삶, 곧 천국을 준비해야 합니다. 노후대책도 중요하지만, 그보다 더 중요한 것은 바로 사후대책死後對策입니다. 사후대책이 되어 있는 사람은 가장 큰 복을 받은 사람입니다. 천국을 위해 투자할 줄 알아야 지혜로운 사람입니다.

하나님은 우리 마음속에 영원한 것에 대한 사모함을 주셨습니다. 그래서 이 땅에 사는 동안에는 진정한 만족이란 없습니다. 어느 정도의 만족만 있을 뿐입니다. 하나님이 우리에게 영원한 세계에서 누릴 그것에 대한 갈증을 주셨기 때문입니다.

> 하나님이 모든 것을 지으시되 때를 따라 아름답게 하
> 셨고 또 사람들에게는 영원을 사모하는 마음을 주셨느
> 니라 그러나 하나님이 하시는 일의 시종을 사람으로
> 측량할 수 없게 하셨도다 전 3:11

그런데 정말로 당장 천국에 가고 싶습니까? 오늘 밤에 죽어도 좋습니까? 우리는 천국에 가고 싶다고 말하면서도, 실제로 가려고 하지는 않습니다. 왜 그럴까요? C.S. 루이스C.S. Lewis는 《순전한 기독교》에서 "천국을 원하는 사람은 거의 없다. 우리가 떠올리는 천국은 기껏해야 죽은 친구들을 다시 만나는 곳일 뿐이다. 진정한 천국을 갈망하지 않은 이유 중 하나는 훈련이 되지 않았기 때문"이라고 말했습니다. 그는 "천국을 원하면서도 그것을 깨닫지 못하는 것"을 또 다른 이유로 들었습니다.

이처럼 우리는 천국에 관해 오해하고 있습니다. 교회에서 지겨운 것을 너무 많이 경험하다 보니 천국에 가면 하나님 앞에서 늘 예배드린다는 말에 지레 지겨워합니다. 교회에 다니시만, 천국에 대한 그림이 안 그려지는 것입니다. 그러나 지역 교회가 부족하고 문제를

일으키기도 하지만, 예수 그리스도의 우주적인 교회는 더할 나위 없이 완벽합니다.

우리가 천국을 어느 정도 맛볼 수 있는 곳은 가정과 교회인데, 가정이나 교회에 나름대로 문제가 있으니 집에도 가기 싫고, 교회에도 가기 싫은 것입니다. 그러니 천국에 가는 것도 싫어집니다. 천국이 교회와 같은 곳일까 봐 그렇습니다.

C.S. 루이스는 "이 세상에서는 결코 만족시킬 수 없는 갈망이 내 안에 있다면, 그것은 내가 다른 세상을 위해 지어졌기 때문이라고 보는 것이 가장 타당하다"고 말합니다. 이 땅에 사는 동안에 진정한 만족이란 있을 수 없다는 뜻입니다. 그냥 미리 맛보는 수준에 불과합니다. 예수님을 믿으면, 우리는 천국을 맛보고 경험할 수 있습니다. 그러면서도 영원한 갈망은 채워지지 않습니다.

우리는 천국에서 맛볼 수 있는 것과 이 땅에서 맛볼 수 있는 것의 차이를 알아야 합니다. 그 차이를 알 때, 비로소 진정한 의미의 천국을 갈망할 수 있습니다. 하나님 나라에 관한 이해가 깊어지면, 천국에 관한 이야기가 조금 달라질 수 있습니다.

천국을 소유하려면
예수님을 영접해야 합니다

바울은 천국을 경험했습니다. 자신을 가리켜 "셋째 하늘에 이끌려 간 자"고후 12:2라고 말합니다.

> 우리가 주목하는 것은 보이는 것이 아니요 보이지 않는 것이니 보이는 것은 잠깐이요 보이지 않는 것은 영원함이라 고후 4:18

우리는 어머니의 자궁에서 10개월만 머뭅니다. 탯줄이 끊겨야지 제대로 성장할 수 있습니다. 이 땅에서 70년, 100년 살다가 세상이라는 자궁에서 떨어져 나갈 때가 되면, 영원의 세계로 들어가게 됩니다. 문제는 천국에 갈 것이냐 아니면 지옥에 갈 것이냐입니다. 영원한 생명을 얻는다는 것은 영원히 산다는 차원이 아님니다. 예수님을 믿지 않는 사람도 영원히 삽니다. 어디서 사느냐가 다른 것뿐입니다. 지옥에서도 영원히 삽니다. 생명의 질, 곧 삶의 질quality of life이 다른 것입니다.

에디슨 다음가는 발명가로 꼽히는 찰스 케터링Charles Kettering은 "유한한 이생이 끝나면 영원한 미래의 생이 열리기 때문에 우리는 그 미래에 큰 관심을 가져야 한다"고 말했습니다. '영생'이란 영원히 산다는 의미도 있지만, 하나님의 사랑의 생명이 우리 안에 들어와서 하나님 나라를 맛보게 한다는 뜻도 있습니다. 우리는 영생을 미리 누릴 수 있고, 누려야만 합니다.

천국은 정말로 좋은 곳입니다. 그것을 어떻게 알 수 있습니까? 예수님의 인격과 생애를 보면 알 수 있습니다. 창조주 하나님이 지으신 이 세계를 보십시오. 얼마나 아름답습니까? 우리는 항상 근원을 살펴봐야 합니다. 그러면 천국이 좋은 곳임을 알 수 있습니다. 성부와 성자와 성령 하나님처럼 교회 생활을 하고, 가정 생활을 한다면 우리는 날마다 천국을 맛볼 수 있을 것입니다.

천국은 장소적 개념뿐 아니라 관계의 개념이기도 합니다. 성부와 성자와 성령의 관계를 보십시오. 서로 사랑하고, 서로에게 겸손하며, 서로 존귀히 여기며 동역의 기쁨을 나누십니다. 이처럼 천국은 사랑의 관계 안에 있습니다.

우리는 천국을 어떻게 소유할 수 있을까요? 예수님을 영접함으로써 천국을 소유할 수 있습니다.

회개하라 천국이 가까이 왔느니라 하였으니 마 3:2

예수님 안에 천국이 있습니다. 예수님이 계신 곳, 예수님이 통치하시는 곳이 바로 천국입니다. 그러므로 예수님을 마음에 모시는 순간, 우리는 천국을 경험할 수 있습니다. 문제는 마음의 왕좌에 내가 앉아 있다는 것입니다. 예수님이 왕좌에 앉아 통치하셔야만 천국을 경험할 수 있습니다. 이것은 옛 자아와 새 자아가 날마다 싸워야 하는 영적인 훈련입니다. 교회도 마찬가지입니다. 교회의 머리는 예수 그리스도이십니다. 예수님이 좌정하시면 교회에 축복이 임합니다. 그런데 예수님 없이 예배를 드리거나 회의하는 경우가 많습니다. 가정은 어떨까요? 예수님이 가정의 주인이 되어 주시면, 그 가정은 행복할 수밖에 없을 것입니다.

하나님의 임재가 있는 곳에서 천국을 경험할 수 있습니다.

또 여기 있다 저기 있다고도 못하리니 하나님의 나라

는 너희 안에 있느니라 눅 17:21

제자들은 예수님과 함께 있으면서도 서로 경쟁하며 싸웠습니다. 나중에 그들이 성령의 충만함을 경험하게 되면서부터 하나님 나라가 그들 안에서 이루어져 갔습니다. 이처럼 예수님을 영접하고, 성령 충만함을 받으면 하나님 나라를 경험하게 됩니다. 그리하여 "슬퍼하는 자에게 화관을 주어 그 재를 대신하며 기쁨의 기름으로 그 슬픔을 대신하며 찬송의 옷으로 그 근심을 대신"사 61:3하게 되고, "마음이 상한 자"가 고침을 받으며, "포로된 자에게 자유를, 갇힌 자에게 놓임"이 선포됩니다사 61:1.

예수님은 천국 복음을 전하기 위해 이 땅에 오셨습니다.

예수께서 모든 도시와 마을에 두루 다니사 그들의 회당에서 가르치시며 천국 복음을 전파하시며 모든 병과 모든 약한 것을 고치시니라 마 9:35

심령이 가난한 자는 복이 있나니 천국이 그들의 것임이요 마 5:3

예수님을 믿으면 천국을 유업으로 받게 됩니다. 베드로가 말한 "썩지 않고 더럽지 않고 쇠하지 아니하는 유업"벧전 1:4은 하나님 나라의 특징입니다. 썩으면 냄새가 나고, 더러운 것은 불쾌감을 주며 쇠하는 것은 우리에게 낙담을 줍니다. 그러나 하나님 나라는 그런 곳이 아닙니다. 아름다운 곳이며 거룩한 곳입니다.

예수님을 믿으면 천국 시민권을 소유하게 됩니다.

> 그러나 우리의 시민권은 하늘에 있는지라 거기로부터 구원하는 자 곧 주 예수 그리스도를 기다리노니 빌 3:20

예수님은 천국과 함께 지옥에 관해서도 말씀하십니다.

> 만일 네 오른 눈이 너로 실족하게 하거든 빼어 내버리라 네 백체 중 하나가 없어지고 온몸이 지옥에 던져지지 않는 것이 유익하며 마 5:29

> 만일 네 손이 너를 범죄하게 하거든 찍어 버리라 장애인으로 영생에 들어가는 것이 두 손을 가지고 지옥 곧 꺼지지 않는 불에 들어가는 것보다 나으니라 막 9:43

C.S. 루이스는 "정말로 지옥이 없으면 좋겠다. 그런데 미안하지만, 지옥은 실재한다. 천국이 실재하는 것만큼 지옥도 실재한다"고 말했습니다. 그래서 우리가 전도해야 하는 것입니다.

천국도 알고 지옥도 아시는 예수님은 "만일 네 손이 너를 범죄하게 하거든 찍어버리라 장애인으로 영생에 들어가는 것이 두 손을 가지고 지옥 곧 꺼지지 않는 불에 들어가는 것보다 나으니라"막 9:43고 말씀하십니다. 육신을 희생해서라도 죄와 싸워서 영생에 들어가는 편이 낫다고 말씀하신 것입니다. 이 땅에서 육신의 생명은 길어야 100년 남짓인데, 영혼은 영원히 살기 때문입니다.

천국에서 가장 중요한 것은 관계입니다. 그래서 우리는 관계를 맺는 데 투자를 많이 하고, 관계 기술을 터득해야 합니다. 예수님은 하나님과 단절된 우리를 하나님과 다시 이어 주기 위해 이 땅에 오셨습니다. 그럼으로써 에덴동산을 회복하시려는 것입니다. 에덴의 회복은 무엇일까요? 바로 관계의 회복입니다. 예수님은 우리와 하나님의 관계 회복을 위해 이 땅에 오셔서 우리를 새롭게 태어나게reborn 하시고, 회복시키시고recover, 하나님과 우리 사이를 다시 연결시켜reconnect주십니다.

천국은 예수님이 계신 곳이고, 지옥은 원래 귀신을

위해서 만들어진 곳입니다. 천국과 마찬가지로 지옥
또한 장소적 개념뿐 아니라 관계의 개념이기도 합니
다. 지옥은 하나님과의 단절을 의미합니다. 지옥에는
사랑이 없고, 악만 존재합니다.

지금 천국을 누리며
미래에 들어가십시오

　우리는 천국을 날마다 경험할 수 있습니다. 천국은
현재성과 미래성이 공존합니다. 하나님 나라는 날마다
우리 안에서 경험되는 나라이면서 동시에 미래에 들어
갈 나라이기도 합니다.

　하나님 나라는 이 세상의 공간 개념을 초월합니다.
차원이 다른 것입니다. 누에고치와 누에고치가 자아내
는 명주실의 차원이 다르고, 씨앗과 꽃과 열매의 차원
이 다르듯이 이 땅에서 경험하는 하나님 나라와 미래에
들어가게 될 하나님 나라는 차원이 다릅니다.

　어떤 사람들은 천국이 지금 우리 안에 있는데, 왜 "천
국에 들어간다"는 표현을 쓰느냐고 묻습니다. 그러나
성경이 말하는 바를 살펴보십시오.

이 말씀을 마치시고 그들이 보는데 올려져 가시니 구름이 그를 가리어 보이지 않게 하더라 올라가실 때에 제자들이 자세히 하늘을 쳐다보고 있는데 흰옷 입은 두 사람이 그들 곁에 서서 이르되 갈릴리 사람들아 어찌하여 서서 하늘을 쳐다보느냐 너희 가운데서 하늘로 올려지신 이 예수는 하늘로 가심을 본 그대로 오시리라 하였느니라 행 1:9-11

천국이 공간적 개념인 것은 분명합니다. 예수님은 분명히 하늘에서 내려오셨고요 3:31, 하늘로 올라가셨습니다. 또한 장차 하늘로부터 다시 오실 것이기 때문입니다. 지금은 우리 안에 그리스도의 영이신 성령으로 함께하고 계십니다. 우리는 이 땅을 떠나면 천국으로 들어가게 될 것입니다. 그런 소망이 없다면, 예수님을 믿는 사람은 비참할 것입니다.

그러므로 보물을 땅에 쌓아 두는 것은 어리석은 일입니다.

너희를 위하여 보물을 땅에 쌓아 두지 말라 거기는 좀과 동록이 해하며 도둑이 구멍을 뚫고 도둑질하느니라 마 6:19

돈이 천국인 줄 알고, 돈을 하나님으로 섬기는 사람들을 향하여 주님이 말씀하십니다. 돈은 천국이 아닙니다. 보물을 땅에 쌓아 두지 말고, 하늘에 쌓으라고 말씀하십니다. 땅에 쌓아 두어 봤자 "좀과 동록"이 해하고, "도둑이 구멍을 뚫고" 들어와 훔쳐 갑니다. 결정적으로 이 땅을 떠날 때 모두 남겨 두고 가야 합니다.

> 하나님은 그가 기뻐하시는 자에게는 지혜와 지식과 희락을 주시나 죄인에게는 노고를 주시고 그가 모아 쌓게 하사 하나님을 기뻐하는 자에게 그가 주게 하시지만 이것도 헛되어 바람을 잡는 것이로다 전 2:26

전도서 기자가 인생에 관해 말합니다. 하나님은 죄인으로 하여금 많이 벌게 하시지만, 그 모은 것을 "하나님이 기뻐하는 자"에게 주게 하십니다. 그러나 이것 또한 헛되다고 말합니다. 왜냐하면 죽을 때 그 받은 것을 다 두고 가야 하기 때문입니다. 하나님이 부르시면, 아무리 몸부림친들 다 두고 떠나야만 합니다. 하나도 가져갈 수 없습니다.

그러므로 많은 것을 소유했어도 누리지 못한다면, 모두 헛것입니다.

어떤 사람은 그의 영혼이 바라는 모든 소원에 부족함이 없어 재물과 부요와 존귀를 하나님께 받았으나 하나님께서 그가 그것을 누리도록 허락하지 아니하셨으므로 다른 사람이 누리나니 이것도 헛되어 악한 병이로다 전 6:2

하나님은 우리가 이 땅에서 누리기를 원하십니다. 누릴 수 있을 때, 누리는 게 지혜입니다. 결코 죄가 아닙니다. 오히려 누리지 않는 것이 죄입니다.

탕자가 돌아왔을 때, 밭에서 뼈 빠지게 일하던 맏아들이 아버지에게 자기를 위해서는 염소 새끼 한 마리도 잡아 주지 않았다고 불평하자 아버지가 "너는 항상 나와 함께 있으니 내 것이 다 네 것"눅 15:31이 아니냐고 묻지 않았습니까? "다 네 것인데, 왜 너는 누리지 않았느냐?"는 것입니다. 맏아들의 죄는 누리지 않은 죄입니다. 아버지와 함께 있으면서도 아버지와 친밀한 교제를 누리지 않았고, 아버지가 그에게 준 모든 것을 누리지 않았으며 탕자가 돌아왔을 때 그를 자기 동생으로 여기지도 않았습니다. 그는 동생을 사랑하지 않은 죄와 아버지의 풍성한 사랑을 누리지 않은 죄를 저질렀습니다.

누려 본 사람은 다른 사람이 누리는 것을 정죄하지 않습니다. 주님은 이 땅에 오셔서 마음껏 누리셨습니다. 물론 주님이 집을 가지지는 않으셨지만, 맛있는 것 먹기를 참 좋아하셨습니다. 오죽하면 바리새인들이 예수님을 "먹기를 탐하고 포도주를 즐기는 사람"마 11:19이라 불렀겠습니까? 하나님이 물질을 주신 것은 쌓아 두기 위함이 아니라 유통하기 위함입니다. 핍절의식을 가진 사람은 계속 쌓기만 하고, 축적하는 일에 집착합니다. 쌓아 둘 게 아니라 누리고 나누어야 합니다.

예수님이 어리석은 부자의 비유를 들려주십니다.

> 또 비유로 그들에게 말하여 이르시되 한 부자가 그 밭에 소출이 풍성하매 심중에 생각하여 이르되 내가 곡식 쌓아 둘 곳이 없으니 어찌할까 하고 또 이르되 내가 이렇게 하리라 내 곳간을 헐고 더 크게 짓고 내 모든 곡식과 물건을 거기 쌓아 두리라 또 내가 내 영혼에게 이르되 영혼아 여러 해 쓸 물건을 많이 쌓아 두었으니 평안히 쉬고 먹고 마시고 즐거워하자 하리라 하되 하나님은 이르시되 어리석은 자여 오늘 밤에 네 영혼을 도로 찾으리니 그러면 네 준비한 것이 누구의 것이 되겠느냐 하셨으니 눅 12:16-20

> 자기를 위하여 재물을 쌓아 두고 하나님께 대하여 부요하지 못한 자가 이와 같으니라 눅 12:21

자기를 위해 재물을 쌓아 두는 것까지는 괜찮습니다. 요셉도 재물을 쌓아서 나눠 주었으니까 말입니다. 문제는 "하나님께 대하여 부요하지 못한" 것입니다. 성경을 잘 읽어 봐야 합니다. 예수님은 우리의 진정한 부요는 하나님에 대한 사랑에 있다고 말씀하셨습니다. 물질에 있는 것이 아니라는 말입니다. 물질은 세상에 흘려보내라고 주신 것입니다. 그러니까 저축해도 괜찮습니다. 한동안은 쌓아 두어도 괜찮은데, 결국은 흘려보내야 합니다. 그래야만 하나님께 대하여 부요한 자가 될 수 있기 때문입니다.

그러므로 보물을 하늘에 쌓아 두는 것이야말로 위대한 투자입니다.

> 오직 너희를 위하여 보물을 하늘에 쌓아 두라 거기는 좀이나 동록이 해하지 못하며 도둑이 구멍을 뚫지도 못하고 도둑질도 못하느니라 마 6:20

하늘에 쌓아 두는 것이 가장 안전합니다. 죽을 때, 우리는 자기가 가진 돈이나 보석이나 땅을 하늘로 가져갈 수 없습니다. 그런데 미리 보낼 수는 있습니다. 우리가 살면서 나눈 것, 하나님께 드린 것, 가난한 이들에게 베푼 것들이 하늘에 차곡차곡 쌓입니다.

보물을
하늘에 쌓으십시오

예수님은 "보물을 하늘에 쌓아 두라"^{마 6:20}고 말씀하셨는데, 어떻게 해야 하늘에 보물을 쌓을 수 있을까요?

첫째, 전도와 선교에 헌신하는 것이 천국에 보물을 쌓는 일입니다.

> 이 천국 복음이 모든 민족에게 증언되기 위하여 온 세
> 상에 전파되리니 그제야 끝이 오리라 마 24:14

전도하여 영혼을 구원하는 것은 영원에 대한 투자입니다. 선교도 마찬가지입니다. 사도 바울이 빌립보교회가 보내 준 선교비를 받고, 그것이 하나님이 "받으실 만한 향기로운 제물이요 하나님을 기쁘시게"^{빌 4:18} 했다고 말합니다.

둘째, 구제함으로써 천국에 보물을 쌓아 둘 수 있습니다.

> 가난한 자를 불쌍히 여기는 것은 여호와께 꾸어 드리는 것이니 그의 선행을 그에게 갚아 주시리라 잠 19:17

구제는 하나님께 꾸어 드리는 것입니다. 그렇게 함으로써 천국에 보물을 쌓는 것입니다. 십일조도 이와 비슷합니다. 십일조는 하늘 곳간에 쌓아 두지만, 이 땅에서 필요할 때마다 하나님의 도우심을 받을 수 있다는 점에서 다릅니다.

셋째, 지극히 작은 자 한 사람을 돌봄으로써 천국에 보물을 쌓을 수 있습니다.

> 그때에 임금이 그 오른편에 있는 자들에게 이르시되 내 아버지께 복 받을 자들이여 나아와 창세로부터 너희를 위하여 예비된 나라를 상속받으라 내가 주릴 때에 너희가 먹을 것을 주었고 목마를 때에 마시게 하였고 나그네 되었을 때에 영접하였고 헐벗었을 때에 옷을 입혔고 병들었을 때에 돌보았고 옥에 갇혔을 때에 와서 보았느니라 마 25:34-36

임금이 대답하여 이르시되 내가 진실로 너희에게 이르노니 너희가 여기 내 형제 중에 지극히 작은 자 하나에게 한 것이 곧 내게 한 것이니라 하시고 마 25:40

돈은 영원한 가치를 지닌 영존하는 것과 교환하거나 그것에 투자하는 수단이 될 수 있습니다. 구제나 선교 활동을 뒷받침하는 일이나 이웃에게 전도하기 위해 돈을 쓰는 것은 영원한 가치가 있는 일에 투자하는 것과 다름없습니다.

결론적으로, 천국을 바라보며 살 때 우리는 충만한 현재를 살 수 있습니다. 천국을 믿는 사람은 죽음을 초월하고, 고난을 극복합니다. 천국의 영광을 아는 사람은 지금의 고난을 견디며 자신에게 주어진 하루하루의 삶을 기쁘게 살아갑니다.

생각하건대 현재의 고난은 장차 우리에게 나타날 영광과 비교할 수 없도다 롬 8:18

우리는 하나님 나라가 분명히 있다는 사실을 분명히 알고, 천국을 경험해야 합니다. 중요한 것은 하나님 나라는 일종의 문화라는 것입니다. 사랑하고, 용서하고, 허물을 덮어 주고, 특별히 존중히 여기는 것이 바로 하나님 나라입니다. 반면에 참소는 마귀의 일이며 천국 문화가 아닙니다. 누군가의 잘못을 자꾸 드러내는 것은 좋은 문화가 아닙니다. 마귀의 일로는 천국을 경험할 수 없습니다.

이 땅에는 유토피아가 없습니다. 교회도 완전하지 않습니다. 그러니 교회에 너무 의존하지 마십시오. 교회는 사람들이 모이는 곳이고, 사람들 사이에는 알곡과 가라지가 있기 마련입니다. 양과 염소가 뒤섞여 있습니다. 예수님은 이를 너무 구분하지 말라고 말씀하십니다. "가라지를 뽑다가 곡식까지 뽑을까 염려"마 13:29 되기 때문입니다.

이 세상의 교회는 완벽하지 않지만, 성도들이 교회에서 천국을 맛볼 수 있도록 도와야 합니다. 가정도 마찬가지로 자녀들이 천국을 경험하는 곳이 되도록 도와야 합니다. C.S. 루이스는 "천국의 가장 놀라운 특징은 하나님이 만드신 각 인간의 가능성이 무한히 꽃피는 곳이라는 점이다. 그러나 지옥은 모든 가능성을 말살시켜 버린다. 죄와 악으로 완전히 무너뜨리는 것이다"라고 말했습니다.

그러니 가정에서 자녀에게 좋은 말을 해 주십시오. "잘할 수 있어. 너는 약하지만, 하나님이 너를 축복하실 거야. 얼마든지 할 수 있어"라고 말해 주십시오. 불안한 마음은 하나님께 맡기십시오. 임마누엘의 하나님이 함께하심을 알면, 천국이 임하는 은혜를 경험할 수 있습니다. 가정에서 거친 욕을 하고, 불평하거나 원망하면 천국을 경험하지 못합니다. 예수님은 창기와 세리도 사랑하시고, 그들을 신부로 삼으셨습니다. 무한한 사랑과 무궁한 사랑으로 있는 그대로를 사랑하면서 점점 더 아름답게 만들어 가는 것이 천국 문화입니다.

인간의 몸에 병이 있는 것처럼 교회나 가정에도 문제가 있습니다. 그러나 문제를 기회로 만들어 버리면, 주님이 고난과 모든 고통을 낭비하지 않게 하시고, 모든 것이 합력하여 선을 이루게 하심을 보게 될 것입니다. 저는 문제가 생겨도 쉽게 당황하지 않습니다. 문제가 생기면 기회로 만들면 되기 때문입니다.

천국은 정말로 좋은 곳입니다. 장차 우리가 이 땅을 떠나서 가게 될 천국은 말할 수 없이 좋은 곳입니다. 이 아름다운 자연을 한번 생각해 보십시오. 이렇게 아름다운 자연을 만드신 하나님이 계신 천국인데, 얼마나 더 좋겠습니까? 또 예수님의 사랑을 보십시오. 자기를 내어 주는 그 놀라운 사랑을 가지신 예수님이 계신 곳이 천국입니다. 삼위일체 하나님이 서로 존중하고 사랑하고 세워 드리는 곳이니 얼마나 좋겠습니까?

서로 비아냥거리고, 살인하게 만드는 마귀가 역사하

는 지옥과는 비교가 안 됩니다. 마귀는 자살을 충동질하고, 사람들을 죽이게 하고, 마약에 빠지도록 유혹하고, 죄짓게 하고, 더러운 음란에 빠지게 만드는 등 이러한 모든 일을 합니다.

그러나 하나님이 하시는 일은 전혀 다릅니다. 하나님은 우리로 하여금 아름다운 가정과 아름다운 공동체를 이루어 가도록 도와주십니다. 천국에 관한 하나님의 말씀을 기억하면서 가정과 교회에 천국이 임하도록 기도하고, 보물을 하늘에 쌓아 두십시오. 하루에 한 사람이라도 행복하게 만드는 것으로 하늘에 보물을 쌓을 수 있습니다. 이 땅에서 주님과 주님의 교회를 위해, 복음 전파와 선교와 구제를 위해 헌신한 것들이 모두 하늘에 보물로 쌓입니다. 미래에 우리가 천국에 들어가는 날, 하나님이 우리에게 상급을 주실 것입니다.

벅찬 가슴으로 다시 한번 선포합니다. 천국은 정말로 좋은 곳입니다. 천국을 알면 알수록 저처럼 더욱 천국이 좋아지실 것입니다.

성품을 위한
위대한 투자

우리에게는
두 가지 본성이 있습니다

베드로가 예수님을 처음 만났을 때, 그는 그렇게 성숙한 성품을 갖지 못하였습니다. 다른 제자들도 마찬가지였습니다. 그들은 쉽게 흥분했고, 서로 경쟁하며 질투하곤 했습니다. 그랬던 그들이 예수님과 함께 생활하면서 변화되었습니다. 또 예수님이 승천하신 후에는 성령님이 오셔서 그들과 함께하시자 삶의 놀라운 변화가 일어났습니다. 그것은 인간의 노력으로 될 법한 변화가 아니었습니다. 성령의 은혜로 일어난 초자연적인 변화입니다.

예수님을 믿을 때, 우리 안에 예수님의 성령이 들어오십니다. 그때 예수님의 생명을 받게 됩니다. 예수님의 생명을 받는 순간, 우리는 예수님의 성품이 담긴 유전자, 곧 DNA를 받게 됩니다. 그럼으로써 예수님 안에서 새로운 피조물이 됩니다. 새 생명, 새 영, 새 마음, 새 노래, 새 성품을 받아 변화하는 것입니다. 이처럼 인간의 노력에 의한 변화와 성령에 의한 변화는 완전히 다릅니다.

성령님이 내게 오셔서 이전에 없던 새로운 성품이 일어날 뿐만 아니라 새로운 성품에 대한 갈망을 갖게 된다면, 굉장한 축복입니다. 성령에 속하는 은혜를 깨닫고, 성령의 열매와 성품에 관심을 가진 사람과 하나님의 신령한 것들을 깨닫기를 원하는 사람은 바울의 표현을 빌리자면, "영에 속한 사람"들입니다.

베드로는 자신이 경험한 하나님의 성품의 비밀에 관해 이렇게 말합니다.

> 이로써 그 보배롭고 지극히 큰 약속을 우리에게 주사 이 약속으로 말미암아 너희가 정욕 때문에 세상에서 썩어질 것을 피하여 신성한 성품에 참여하는 자가 되게 하려 하셨느니라 벧후 1:4

"신성한 성품"Divine Character은 하나님의 성품을 가리킵니다. "성품"의 헬라어 뜻을 찾아보니 '본성'nature입니다. 예수님을 믿는 사람은 두 가지 본성을 경험하게 됩니다. 아담의 본성과 하나님의 본성입니다. 먼저, 아담의 본성은 타락한 인간의 본성입니다. 사탄의 유혹에 넘어감으로써 지은 죄의 결과입니다. 그 죄가 점점 더 심해져서 그의 아들 가인에게 와서는 폭력적인 성품이 악화되어 동생 아벨을 쳐 죽이게 됩니다. 시기와 질투와 분노와 폭력으로 발전한 것입니다. 이처럼 나쁜 성품은 나쁜 결과를 낳습니다. 아담은 하나님을 대적하여 불순종했으며 교만했습니다. 아담의 죄에 대한 본성이 우리 안에도 있습니다. 세상을 보십시오. 폭력과 폭언이 만연하고, 가정폭력이 빈번히 일어나고 있습니다. 우리 안에 그런 악이 있습니다. 그래서 우리는 거듭나야 합니다.

그다음, 우리가 경험하는 두 번째 본성은 바로 하나님의 본성입니다. 베드로는 우리가 예수님을 믿음으로써 "신성한 성품"에 참여하게 된다고 말합니다. 예수님을 믿으면, 우리는 성령에 의해 거듭나게 됩니다. 이때 두 번째 아담이신 예수님의 본성을 받게 됩니다.

성품과 관련하여 예수님이 분명히 말씀하셨습니다.

그들의 열매로 그들을 알지니 가시나무에서 포도를, 또는 엉겅퀴에서 무화과를 따겠느냐 이와 같이 좋은 나무마다 아름다운 열매를 맺고 못된 나무가 나쁜 열매를 맺나니 좋은 나무가 나쁜 열매를 맺을 수 없고 못

된 나무가 아름다운 열매를 맺을 수 없느니라 마 7:16-18

복숭아나무는 복숭아 열매를 맺고, 사과나무는 사과 열매를 맺으며, 포도나무는 포도 열매를 맺습니다. 복숭아나무에서 사과 열매가 열릴 수는 없습니다.

저는 어떤 성향을 표현할 때 '본성'이라는 단어를 자주 사용합니다. 본성이 곧 성향이라는 사실을 기억할 필요가 있습니다. 여전히 우리 안에는 두 가지 성향이 공존하고 있습니다. 예수님을 믿고 새사람이 되었지만, 이 세상을 떠나기 전까지는 우리 안에 옛 사람이 그대로 남아 있기 때문입니다. 옛 자아와 예수님 안에서 거듭난 새 자아가 싸우는 것입니다. 그러므로 여전히 남아 있는 옛 본성을 날마다 죽이고, 새로운 본성에 초점을 맞추어야 합니다. 성향이란 씨앗과도 같습니다. 우리 안에 새로운 본성이 들어왔다고 해서 하루아침에 변화하는 것은 아닙니다. 예수님의 성향, 즉 성품을 받았다면, 그것을 잘 가꾸고 키워야 할 책임이 우리에게 있습니다.

신성한 성품의 씨앗이
우리에게 주어졌습니다

베드로는 우리가 "신성한 성품에 참여하는 자"가 된
후에도 그 성품을 계속 발전시켜야 나가야 한다고 말
합니다.

> 그러므로 너희가 더욱 힘써 너희 믿음에 덕을, 덕에
> 지식을, 지식에 절제를, 절제에 인내를, 인내에 경건
> 을, 경건에 형제 우애를, 형제 우애에 사랑을 더하라
>
> 벤후 1:5-7

여기서 그는 '더욱 힘쓰라'고 말합니다. 즉 성품을 계
발하는 일에 관심을 가지고, 변화하도록 더욱 노력하
라는 뜻입니다. 또한 좋은 성품을 하나씩 '더해 가라'고
말합니다. "믿음"은 신뢰하는 성품입니다. 신뢰하는 성

품에 "덕"을 더하라고 말합니다. 덕德은 헬라어로 아레테 arete인데, '용맹, 탁월함, 칭찬, 미덕' 등을 뜻합니다. 즉 도덕적, 윤리적 이상을 실현해 나가는 능력을 의미합니다. 사람으로서 도리를 행하려는 어질고 올바른 훌륭한 인격을 나타내는 것으로 아주 좋은 성품입니다. 베드로는 계속해서 "덕에 지식을, 지식에 절제를, 절제에 인내를, 인내에 경건을, 경건에 형제 우애를, 형제 우애에 사랑"을 더하라고 권면합니다.

"신성한 성품에 참여"한다는 것은 신성한 성품의 씨앗을 받았다는 뜻입니다. 그 씨앗을 키우기 위해서는 우리의 선택과 노력과 훈련이 필요합니다. 곧 신성한 성품을 형성하는 데 시간과 정성을 들여 투자해야 한다는 뜻입니다.

예수님은 하나님 나라에 관해 말씀하실 때마다 "천국은 마치 사람이 자기 밭에 갖다 심은 겨자씨 한 알"마 13:31과도 같다고 말씀하십니다. 그리고 "한 알의 밀이 땅에 떨어져 죽지 아니하면 한 알 그대로 있고 죽으면 많은 열매를 맺느니라"요 12:24고도 말씀하십니다. 우리는 씨앗을 심어야 합니다. 그리고 그 씨앗은 죽어서 껍질이 벗겨져야만 싹이 트고, 자라서 꽃을 피우고 열매를 맺습니다. 씨앗의 원리를 이해하는 사람은 천국의 원리를 알 만큼 지혜로운 사람입니다.

우리 삶을 어디에 투자하는 것이 제일 좋을까요? 예수님의 성품을 형성하는 데 투자하는 것이 지혜입니다. 우리를 향한 하나님의 궁극적인 관심은 과연 예수님의 형상을 닮아 가는가입니다.

하나님이 미리 아신 자들을 또한 그 아들의 형상을 본받게 하기 위하여 미리 정하셨으니 이는 그로 많은 형제 중에서 맏아들이 되게 하려 하심이니라 롬 8:29

나의 자녀들아 너희 속에 그리스도의 형상을 이루기까지 다시 너희를 위하여 해산하는 수고를 하노니 갈 4:19

"형상"이란 무엇일까요? 어떤 모습을 의미하기는 하지만, 겉으로 드러난 꼴을 가리키는 것은 아닙니다. "너희 속에 그리스도의 형상"을 이룬다는 말은 우리 안에 예수님의 성품이 형성됨을 의미합니다.

우리 삶의 성공과 성취를 지속적으로 유지하고 확장할 수 있게 하는 것, 또 성공하고 난 후에도 관계를 잃지 않고 가족을 지킬 수 있게 하는 것은 무엇일까요? 바로 성품입니다. 성품은 우리가 누구이며, 무엇을 할 수 있는가를 말해 줍니다.

미국 남침례교단의 거목 찰스 스탠리Charles Stanley의 아들 앤디 스탠리Andy Stanley 목사는 성품에 관해 《성품은 말보다 더 크게 말한다》에서 이렇게 말합니다.

"당신의 성품이야말로 당신의 참모습이다. 당신이 평생 얼마나 많은 일을 이룰지는 성품의 영향을 입는다. 당신이 남들이 알 만한 가치가 있는 사람인지도 성품으로 결정된다. 당신의 모든 인간관계는 성품 때문에 잘되기도 하고 깨지기도 한다. … 성품은 실패와 성공과 부당한 대우와 고통에 대한 당신의 반응을 결정짓는 내면의 각본이다. 성품은 당신 삶의 모든 면과 맞닿아 있다. 성품이 미치는 범위는 당신의 재능, 교육, 배경, 인맥보다 넓다. 그런 것들로 문이 열릴 수는 있으나, 일단 그 문에 들어선 후 어떻게 될지는 성품으로 결정된다."

성품 때문에 신뢰를 얻을 수도 있고, 신뢰를 잃을 수도 있습니다. 성품 때문에 성공과 성취를 지킬 수도 있고, 무너뜨릴 수도 있습니다. 성품이 우리 삶에 끼치는 영향은 그만큼 큽니다. 좋은 성품은 좋은 결과를 낳고, 우리 삶에 좋은 흔적을 남깁니다. 그러므로 좋은 성품을 얻는 데에 투자하는 것은 투자 중에서도 아주 탁월한 투자입니다. 좋은 성품을 가지면, 영원한 축복을 얻을 뿐만 아니라 자신도 복되고 가족과 공동체와 만나는 모든 사람을 복되게 합니다.

예수님의 성품은 성령님의 열매 속에 드러납니다. 바울은 우리가 벗어야 할 육신의 일, 즉 육신의 성품에 관해 말합니다.

> 육체의 일은 분명하니 곧 음행과 더러운 것과 호색과 우상 숭배와 주술과 원수 맺는 것과 분쟁과 시기와 분냄과 당 짓는 것과 분열함과 이단과 투기와 술 취함과 방탕함과 또 그와 같은 것들이라 전에 너희에게 경계한 것 같이 경계하노니 이런 일을 하는 자들은 하나님의 나라를 유업으로 받지 못할 것이요 갈 5:19-21

육신이 만들어 낸 열매는 좋은 것들이 아닙니다. 시기하고, 분 내고, 분열하며 방탕한 것은 육체가 맺는 열매로 노력하지 않아도 자연스럽게 맺힙니다. 그래서 이것들을 가리켜 '본성'이라고 합니다. 육신의 본성은 노력하지 않아도 발현됩니다. 아담의 원죄를 안고 태어났기 때문입니다. 죄는 육신의 일이요 육체의 열매입니다. 육신으로 있을 때, 우리는 죄짓는 것이 자연스러웠습니다. 남을 미워하고, 질투하고, 탐욕을 부리는 일에는 노력이나 훈련이 필요 없습니다. 아주 자연스럽습니다. 남을 욕하는 법을 배우는 세미나에 다닐 필요가 없습니다. 때로 철없는 어린아이가 욕을 내뱉는 것을 보게 됩니다. 누구에게서 배웠을 리가 없는데, 미운 짓을 하기 시작합니다. 자연스럽게 욕이 쏟아져 나오는 이유가 무엇입니까? 아담의 후예로서 내리받은 죄의 본성이 있기 때문입니다.

그러므로 우리는 거듭나야만 합니다. 그래야만 초자연적인 성령의 열매를 맺을 수 있습니다. 성령의 열매는 우리가 추구해야 할 좋은 성품입니다.

> 오직 성령의 열매는 사랑과 희락과 화평과 오래 참음과 자비와 양선과 충성과 온유와 절제니 이 같은 것을 금지할 법이 없느니라 갈 5:22-23

모든 성품의 열매는 사랑으로부터 나오는 것을 보게 됩니다. 그러므로 사랑은 성령의 열매의 뿌리라고 할 수 있습니다. 디베랴 호수에서 예수님이 베드로에게 "요한의 아들 시몬아 네가 나를 사랑하느냐"요 21:17라고 세 번째 물으실 때, 베드로가 마지막으로 대답한 '사랑'이 헬라어로 아가페agapé, 즉 '하나님의 사랑'입니다. 사도 바울이 "성령의 열매"의 뿌리로 "사랑"을 말할 때, 사용한 단어도 아가페입니다. 하나님의 신성한 성품은 사랑으로 완성됩니다.

성령의 열매를 보면, 예수님을 떠올리게 됩니다. 성

령의 열매는 원래 우리 본성이 아닌 비본성의 성품입니다. 거듭남을 통해 비본성적인 성품을 가꾸어 가는 것입니다. 사실, 인간은 하나님의 형상을 따라 창조되었으므로 비본성적인 것을 추구하도록 되어 있습니다. 우리의 본성이 아닌 하나님의 성품을 우리 인격 속에 형성하기 위해서는 반복적인 훈련과 노력이 필요합니다. 인간과 동물의 차이점이 있다면, 인간은 본성을 따라 살지 않고 비본성적인 하나님의 성품을 따라 살려고 노력한다는 점입니다.

우리는 "열매"라는 단어에 관심을 기울일 필요가 있습니다. 하지만 열매가 있기 전에 '씨앗'이 먼저 있습니다. 하나님은 우리에게 열매를 주시지 않고, 씨앗을 주십니다. 우리가 씨앗을 심으면, 그 씨앗이 열매를 맺도록 성령님이 도우십니다. 우리가 예수님의 성품을 형성해 갈 때, 성령님의 도우심이 절대적으로 필요하다는 사실을 인정해야 합니다.

23

우리 삶을 부요케 하는
좋은 성품을 가꾸십시오

성령님의 도우심을 받아도 예수님의 성품의 씨앗을 심고 가꾸고 키워 갈 책임은 우리에게 있습니다. 그러므로 우리 삶을 부요케 하는 좋은 성품을 갖는 일에 투자하십시오. 성령의 아홉 가지 열매와 함께 우리가 추구해야 할 다섯 가지 성품이 있습니다. 예수님이 삶 속에서 보여 주신 성품들인데, 저는 이 성품들을 아주 소중하게 여깁니다.

첫째, 존중하는 성품입니다.

> 나를 존중히 여기는 자를 내가 존중히 여기고 나를 멸시하는 자를 내가 경멸하리라 삼상 2:30하

존중하는 성품은 하나님을 존중하는 마음에서 나옵

니다. 하나님을 존중하는 마음은 곧 하나님을 가장 소중히 여기는 마음이고, 존귀히 여기는 마음입니다. 하나님을 존중하면 하나님의 말씀도 존중하게 됩니다. 이처럼 존중은 하나님을 경외하는 마음에 뿌리를 두고 있습니다. 예수님은 하나님 아버지를 경외하는 것을 즐거움으로 삼으셨습니다.

그가 여호와를 경외함으로 즐거움을 삼을 것이며…
사 11:3상

하나님은 우리를 존귀히 여기십니다. 가치 있게 여기신다는 뜻입니다. 그러므로 하나님을 존중하는 우리는 하나님이 만드신 사람들을 존중해야 합니다. 존중하는 성품은 하나님이 세우신 권위를 인정하고, 질서를 존중하는 성품입니다. 존중하는 성품을 가진 사람은 다른 사람들을 존귀히 여기기 때문에 함부로 대하지 않고, 조심스럽게 정중히 대합니다.

둘째, 성실한 성품입니다.

이것들이 아침마다 새로우니 주의 성실하심이 크시도소이다 애 3:23

공의로 그의 허리띠를 삼으며 성실로 그의 몸의 띠를 삼으리라 사 11:5

성실한 성품은 하나님의 성품입니다. 또한 하나님의 사람이 추구해야 할 성품입니다. 성실한 성품을 설명할 때 '인테그리티Integrity'라는 단어를 주로 사용합니다. '나뉘지 않은 완전한 상태, 진실성'을 뜻하는 인테그리티는 한마디로 설명하기 어려운 단어입니다. 모든 성품을 총체적으로 표현하는데, 이 속에는 진실함과 성실성이 담겨 있습니다.

성실하다는 것은 일관성 있게 행동한다는 것입니다. 성실은 일관성 및 지속성과 관련이 있습니다. 성실한 사람의 이미지는 한결같습니다, 즉 일관성이 있다는 것입니다. 쉽게 요동하거나 변덕스럽게 행동하지 않습니다. 한마디로 항상심입니다. 하나님은 항상심을 소중히 여기십니다. 또 성실한 마음은 충성된 마음입니다. 하나님은 우리가 하나님을 사랑하고, 기뻐하고, 항상 기도에 힘쓰는 것을 좋아하십니다.

성품은 습관을 통해 형성됩니다. 성실한 성품이 중요한 이유는 무엇을 하든지 지속적으로 반복하는 성품이기 때문입니다. 아리스토텔레스Aristoteles는 "반복해서 실행하는 것이 곧 우리 자신이 된다. 탁월함은 하나의 사건이 아니라 습관"이라고 말했습니다. 성실한 성품은 다른 여러 좋은 성품을 몸에 익히는 습관을 만들어 줍니다. 성실함은 우리 삶을 탁월하게 만들고, 좋은 성품을 얻기 위한 습관을 만드는 데 도움이 되고, 사람들에게 신뢰를 얻는 데에도 큰 도움이 됩니다.

저는 평소에 '지속과 반복'을 강조하곤 합니다. 저는 어린 나이에 제 자신의 부족함을 철저히 인식했습니다. 그러면서 성실한 사람이 되리라 결심했습니다. 성실한 사람이 되어야 저의 부족함을 채울 수 있다고 생각했기 때문입니다.

어릴 적에 집이 너무 가난했습니다. 삯바느질 집 아들인데다가 공부도 잘 못했습니다. 제 자신이 봐도 머리가 썩 좋은 것 같지는 않아서 상업고등학교에 진학했고, 대학에 들어갈 꿈은 꾸지도 않았습니다. 그런데 어느 날 문득 '나는 앞으로 어떻게 살아남아야 하나' 하는 생각이 들었습니다. 고민 끝에 "성실을 무기로 삼아야겠다"고 결론을 내리고, 그때부터 성실하게 살려고 노력했습니다. 그러자 제 삶에 놀라운 변화가 일어났습니다. 모두가 하나님의 은혜입니다.

성실한 성품은 생각의 습관, 태도의 습관, 마음의 습관, 행동의 습관 등을 형성하는 데 도움이 됩니다. 또한 탁월성을 추구하도록 돕는 성품이기도 합니다. 어떤 일을 10년 이상 또는 일만 시간 이상 반복하면 탁월함에 이른다는 말이 있습니다. 반복하는 횟수가 늘다 보면 어느 순간에 임계점에 도달하게 됩니다. 그러면 우리 역량은 다른 차원으로 들어가게 됩니다.

하나님은 아버지의 양을 성실하게 돌보고 지켰던 다윗을 보고 계셨습니다. 다윗을 기뻐하셨던 하나님은 그를 선택하셔서 하나님의 백성 이스라엘을 맡기셨습니다. 하나님은 성실한 다윗을 이스라엘의 목자로 세우셨습니다.

이에 저가 그 마음의 성실함으로 기르고 그 손의 공교함으로 지도하였도다 시 78:72, 개역한글

셋째, 겸손한 성품입니다.

나는 마음이 온유하고 겸손하니 마 11:29상

사람의 모양으로 나타나사 자기를 낮추시고 죽기까지 복종하셨으니 곧 십자가에 죽으심이라 빌 2:8

겸손한 성품으로부터 순종이 나옵니다. 겸손은 마지막 아담이신 예수님의 성품이고, 교만은 첫 번째 아담

의 성품입니다. "교만은 패망의 선봉"잠 16:18이요 "겸손은 존귀의 길잡이"잠 15:33입니다. 하나님은 교만한 자를 물리치시고, 겸손한 사람에게 은혜를 주십니다약 4:6. 또 교만한 자는 낮추시고, 겸손한 자는 높이십니다눅 14:11. 이처럼 하나님은 영적으로 교만한 자를 특별히 싫어하십니다.

"겸손"은 무엇일까요? 겸손은 모든 공을 하나님께 올려 드리는 것입니다. 하나님의 절대주권과 섭리를 인정하는 것이며 만물이 하나님으로부터 비롯된 것을 인정하는 것입니다. 또한 자신을 도와준 사람들에게 공을 돌리는 것입니다. 그래서 겸손한 사람은 누구누구 '덕분에'라는 말을 많이 씁니다. 겸손한 사람은 자신의 부족함을 알기에 늘 경청하고, 배우기에 힘씁니다. 그럼으로써 지혜롭게 됩니다. 겸손한 사람은 자족할 줄 알며 하나님이 주신 복을 누림을 당연하게 여기지 않고 늘 감사합니다.

넷째, 온유한 성품입니다.

나는 마음이 온유하고 겸손하니… 마 11:29상

예수님은 온유하신 분입니다. 온유는 팔복 중의 하나로 온유한 성품은 따뜻하고 부드러운 성품입니다. 생명이 약동하는 어린아이의 몸은 따뜻하고 부드럽습니다. 반면에 죽어 가는 몸은 차갑고 딱딱합니다. 사람들은 거칠고 차가운 사람보다는 따뜻하고 부드러운 사람을 더 좋아합니다. 성품에도 온도가 있고, 감정이나 언어에도 온도가 있습니다. 온유라는 성품은 늘 따뜻합니다. 체온이 낮아지면 육신에 병이 들기 마련입니다. 교회는 그리스도의 몸이므로 늘 따뜻함을 유지해야 합니다. 그리스도의 몸 된 교회가 따뜻해야 생명으로 충만할 수 있습니다.

온유한 성품은 쉽게 화를 내거나 싸우기를 좋아하지 않습니다. 까다롭고 완고하고 폐쇄적인 성품도 아닙니다. 현존하는 미국 최고의 설교자 중 한 분으로 알려진 T. D. 제이크스T.D. Jakes는 가족을 세우기 위한 투자에 관해 이야기하면서, 분노를 가장 경계했습니다. 잘못된 분노가 가정을 깨뜨리기 때문입니다. 온유는 분노를 잠재웁니다. 온유는 사랑으로 인내하는 절제의 열매로 결국 화평의 열매를 맺습니다. 예수님의 온유한 성품을 닮아 갈수록 분노를 잘 다스리게 됩니다.

바울은 자신의 영의 아들 디모데에게 온유한 성품을 가질 것을 권면했습니다.

주의 종은 마땅히 다투지 아니하고 모든 사람에 대하

여 온유하며 가르치기를 잘하며 참으며 딤후 2:24

다섯째, 거룩한 성품입니다.

기록되었으되 내가 거룩하니 너희도 거룩할지어다 하
셨느니라 벧전 1:16

하나님은 거룩하십니다. 또한 우리도 거룩하길 원하
십니다. 신랑 되신 예수님과 결혼할 때, 예수님의 의와
거룩이 신부인 우리에게 전수됩니다.

너희는 하나님으로부터 나서 그리스도 예수 안에 있고
예수는 하나님으로부터 나와서 우리에게 지혜와 의로
움과 거룩함과 구원함이 되셨으니 고전 1:30

"거룩함"은 하나님의 속성입니다. 거룩함이 무엇입
니까? 미국의 칼빈주의 신학자 R. C. 스프롤R. C. Sproul은
《하나님의 거룩하심》에서 "'거룩하다'는 말은 하나님의
모든 속성과 관련"된다고 말하며 "하나님의 사랑은 거
룩한 사랑이고, 그분의 의는 거룩한 의이며, 그분의 자
비는 거룩한 자비이고, 그분의 지식은 거룩한 지식이
며, 그분의 영은 거룩한 영"이라고 말했습니다.

우리는 거룩한 사람을 신뢰하고 존중합니다. 미국의 성공회 주교 필립스 브룩스Phillips Brooks는 "위대한 일을 하는 데 필요한 것은 위대한 사람이 아닌 거룩한 사람"이라고 말했습니다. 사람들은 거룩한 사람에게 중요한 일을 맡깁니다. 거룩은 우리에게 무한한 축복을 제공해 줍니다. 신학자이자 저술가인 유진 피터슨Eugene H. Peterson은 《거룩한 그루터기》에서 "거룩함은 우리가 순전한 삶, 곧 거리를 둔 채 바라보고 즐기는 인생이 아니라 직접 맛보는 진정한 삶에서 얻을 수 있는 가장 매력적이고 강렬한 경험"이라고 말했습니다. 예수님의 거룩이 우리에게 전수된다는 것은 은혜입니다. 그러나 우리 자신이 거룩을 추구해야 합니다.

24

습관을 들이는 훈련은
탁월한 투자입니다

감사하는 성품은 영적 성숙의 절정입니다. 감사로부터 모든 성품이 나옵니다. 고대 로마의 문인이자 철학자인 키케로Cicero는 "감사는 가장 위대한 품성일 뿐 아니라 다른 모든 품성의 어머니"라고 말했습니다.

> 그 안에 뿌리를 박으며 세움을 받아 교훈을 받은 대로 믿음에 굳게 서서 감사함을 넘치게 하라 _골 2:7_

> 그리스도의 말씀이 너희 속에 풍성히 거하여 모든 지혜로 피차 가르치며 권면하고 시와 찬송과 신령한 노래를 부르며 감사하는 마음으로 하나님을 찬양하고 또 무엇을 하든지 말에나 일에나 다 주 예수의 이름으로 하고 그를 힘입어 하나님 아버지께 감사하라 _골 3:16-17_

평범한 그리스도인과 예수님의 성품을 가진 그리스도인을 가장 잘 구별해 낼 수 있는 기준은 감사입니다. 감사는 높은 수준의 영적 훈련의 결과입니다. 감사하는 성품을 가진 사람들은 내적 평안과 기쁨과 인내와 긍휼과 용서의 능력 등을 함께 가집니다. 즉 감사하는 마음이 있어야 삶 속에서 다른 좋은 성품들이 나타난다는 뜻입니다.

예수님의 성품을 형성하기 위해서는 훈련이 필요합니다. 훈련이란 '한 가지 성품을 선택하여 습관으로 굳을 때까지 지속적으로 반복하는 것'을 의미합니다. 그런 식으로 좋은 성품들을 하나씩 더해 가는 것입니다. 영국의 신학자 톰 라이트 Nicholas Thomas Wright 는 《그리스도인의 미덕》에서 "성품은 세 가지에 의해 변화된다"고 말합니다. 즉 첫째, 올바른 목표를 지향하고, 둘째, 목표에 도달하는 데 필요한 단계들을 파악하고, 셋째, 그 단계들은 제2의 천성, 곧 습관으로 만들어야 변화된다는 것입니다.

많은 사람이 베드로가 말한 대로 "믿음에 덕을, 덕에 지식을, 지식에 절제를, 절제에 인내를, 인내에 경건을, 경건에 형제 우애를, 형제 우애에 사랑"벧후 1:5-7을 더해 가듯이 좋은 성품들을 하나씩 더해 갔습니다. 미국 원주민들의 선교사 조나단 에드워즈 Jonathan Edwards도 그랬고, 미국 '건국의 아버지들'의 한 명인 벤저민 프랭클린 Benjamin Franklin도 그랬습니다. 저도 마찬가지입니다.

지금도 제 안에 아담의 본성이 있기 때문에 내면에 어두운 그림자가 아직 남아 있고, 여전히 실수를 하지만, 좋은 성품을 의식하고 계속 개발해 나가는 과정을 통해 나날이 발전하고 있습니다. 잘못을 깨달으면 즉시 회개하고 돌이키려고 노력합니다.

우리의 마지막 목표는 오직 한 분 하나님을 섬기는 것입니다. 하나님만이 영원하십니다. 하나님만이 우리에게 참 만족을 주실 수 있습니다. 하나님만 주실 수 있는 것을 사람에게 기대하면 실망하게 됩니다. 천국에서만 경험할 수 있는 것을 세상에 기대하면 실망하게 됩니다. 우리는 적절한 기대를 가지고 살아 가야 합니다. 이 세상에 걸어야 할 기대와 사람에게 걸어야 할 기대를 분별하는 것이 지혜입니다. 오직 하나님께 모든 것을 거십시오. 그래야 안전하고 행복할 수 있습니다.

"그 어떤 것에도 마음을 빼앗기지 말라.

그 무엇도 두려워하지 말라.

모든 것은 지나간다.

하나님은 변치 않으신다.

오래 참으면 모든 것을 얻는다.

하나님을 붙드는 자는 아무것도 바라지 않는다.
하나님 한 분만으로도 족한 까닭이다."

_아빌라의 테레사Teresa of Ávila

우리는 정말 중요한 것에 우리 시간과 지식과 재능과
물질을 투자해야 합니다. 영원하신 하나님, 영원한 말
씀, 영원한 영혼, 영원한 가족, 영원한 천국, 그리고 영
원히 가져갈 수 있는 성품에 투자하십시오. 영원한 것
을 생각하며 살아가는 사람은 현재의 삶에도 충실할 수
있습니다. 가장 의미 있고, 가치 있고, 보람 있게 살 수
있습니다. 행복의 유통기한이 짧은 것에 집착하지 마
십시오. 그 대신 영원한 행복을 주는 것에 집중하십시
오. 위대한 투자를 통해 하나님의 큰 은총 아래 살아가
시길 기도합니다.